25살,
사회 첫 삐약이들의
생존동화

Original title: El Conde Lucanor de Don Juan Manuel © Alfonso I. Sotelo
© Grupo Anaya, S.A., 2006
All rights reserved.

Korean translation copyright © 2025 by Snow Fox Books Korean translation rights arranged with Grupo Anaya, S.A. through EYA Co.,Ltd

이 책의 한국어판 저작권은 EYA Co.,Ltd를 통해 Grupo Anaya, S.A와 독점 계약한 주식회사 스노우폭스가 소유합니다.
저작권법에 의하여 한국 내에서 보호를 받는 저작물이므로 무단 전재 및 복제를 금합니다.

25살,
사회 첫 삐약이들의
생존 동화

돈 후안 마누엘 지음　서진 편저　안진환 번역 감수

이 책은 14세기 중세 스페인에서 만들어진 작품으로

교훈적인 이야기들이 담겨 있다.

각 이야기는 루카노르 백작이 현명한 조언자 파트로니오에게

조언을 구하는 형식으로 구성되어 있다.

이 작품은 유럽 문학에서 중요한 위치를 차지하며

특히 중세 스페인 산문 문학의 발전에

큰 영향을 미친 작품으로 평가받는다.

저자와 책 소개

🍳 돈 후안 마누엘의 삶과 배경

돈 후안 마누엘(1282~1348)은 스페인 왕가 출신으로 태어나 화려한 문화 속에서 자랐다.

그의 아버지는 알폰소 10세 왕의 동생이자 교육을 잘 받은 왕자였기에, 돈 후안 마누엘도 어려서부터 배움과 문화에 둘러싸여 성장했다.

하지만 그는 왕위 계승권에서 멀리 있어 정치가이자 작가의 길을 걸었다. 전쟁터에서는 용감한 장수였지만 정치에서는 충성과 배신 사이에서 갈등하기도 했다.

그럼에도 불구하고 그는 '작가'로서 더 큰 이름을 남겼다. 전쟁과 왕위 다툼, 전염병이 가득했던 시대였지만 문화는 여전히 활발히 꽃피고 있었다. 알폰소 10세 시대의 학문과 예술의 분위기 속에서 돈 후안 마누엘은 지혜와 문학에 깊은 관심을 갖게 되었다.

돈 후안 마누엘의 주요 작품

그의 대표작은 『25살, 사회 첫 삐약이들의 생존 동화 Count Lucanor』이다.

이 책은 짧은 이야기 모음집으로, 주인공 루카노르 백작이 조언자 파트로니오와 대화하면서 문제를 풀어가는 형식이다. 각 이야기는 짧고 간단하지만 꼭 기억할 만한 교훈을 담고 있다. 그 외에도 그는 다양한 주제의 책을 남겼다.

- 『가문의 문장에 관한 책 Libro de las Armas』: 자신의 가문과 문장을 찬양
- 『사냥에 관한 책 Libro de la Caza』: 사냥에 관한 지식 정리
- 『신분 계급에 관한 책 Libro de los Estados』: 사회 각 계층의 역할과 의무 설명
- 『아들에게 주는 훈계와 조언 Castigos y consejos a su hijo』: 아들에게 덕목과 지혜를 가르치는 교육서

그는 정치·전쟁·종교·철학 등 폭넓은 주제를 다루었고 당시 사회 분위기를 그대로 담았다. 또 자신의 책이 정확히 전해지길 원해 필사 과정의 작은 오류에도 예민하게 반응할 만큼 꼼꼼했다.

돈 후안 마누엘이 살았던 시대의 문학적 환경

14세기 스페인은 동양에서 들어 온 이야기들의 영향을 많이 받았다. 인도의 『판차탄트라』에서 시작해 아랍을 거쳐 들어 온 『칼릴라와 딤나』는 동물 우화로 교훈을 전했는데 이런 방식은 『25살, 사회 첫 삐약이들의 생존 동화』에도 이어졌다.

또 『신디바드의 책』, 『바를람과 요사팟』 같은 이야기도 널리 읽혔으며 돈 후안 마누엘은 이런 전통을 살려 자신의 작품에 다양한 교훈담을 담았다.

문체와 글쓰기 방식

돈 후안 마누엘의 글은 단순하지만 세련되었다. 그는 긴 문장 대신 짧고 분명한 문장을 쓰며 꼭 전하고 싶은 교훈만 담았다.

특히 『25살, 사회 첫 삐약이들의 생존 동화』에서는 각 이야기의 끝을 짧은 운문(시 형태의 문장)으로 마무리해 독자들이 쉽게 기억할 수 있도록 했다. 그는 어려운 라틴어 대신 당시 사람들이 쓰던 스페인어를 사용해 더 많은 독자가 읽을 수 있도록 했다.

결론

돈 후안 마누엘은 정치적으로는 굴곡이 많았지만 문학적으로는 스페인 중세를 대표하는 인물이었다. 그는 사람들이 명예와 재산, 지위뿐 아니라 영혼의 구원까지 얻기를 바라며 글을 썼다.

책에는 그가 알던 가장 유익한 이야기들을 모았다. 독자는 이 이야기들을 통해 자신이 원하는 것을 이룰 방법을 찾을 수 있다. 만약 그 어떤 이야기에도 공감할 부분이 없다면 그것이야말로 드문 일일 것이다.

그는 필사 과정에서 일어나는 오류를 두려워했다. 글자가 잘못 옮

겨지면 의미가 바뀌고 결국 저자를 탓할 수도 있기 때문이다. 그래서 그는 독자들에게 원본을 직접 확인해 달라고 했다. 또한 학식이 많지 않은 이들도 읽을 수 있도록 스페인어로 집필했다.

서문

세상에 같은 얼굴은 없듯이, 사람의 마음과 뜻도 모두 다르다.

사람들은 같은 일을 해도 저마다 방식이 다르다. 그래서 배우는 사람에게는 그가 가장 좋아하고 이해하기 쉬운 방식으로 가르쳐야 한다.

많은 이들이 책을 어렵게 여기지만 가능한 한 쉽게 쓰고 그 속에 흥미로운 이야기를 섞었다. 마치 의사가 쓴 약에 꿀을 섞어 먹기 좋게 하듯 재미있는 이야기를 곁들여 독자가 교훈도 자연스럽게 받아들이도록 했다.

이 책은 귀족 루카노르 백작과 그의 조언자 파트로니오의 대화 형식으로 쓰였다. 독자는 이야기를 읽으며 즐겁게 배우고 동시에 삶의 지혜를 얻을 수 있다.

• CONTENTS •

저자와 책 소개	06
서문	11

1장. 사회가 두려운 25살에게

첫 사회생활을 시작하며 마주하는 다양한 두려움과 불안을 담았다. 실패에 대한 걱정, 타인의 시선, 무모한 선택까지. 삶에서 만나는 여러 상황 속에서 흔들리는 마음을 이야기한다.

헛된 두려움이 찾아온다면	19
버텨낸 자가 가장 용감한 사람	24
두렵다면 내 손을 잡아!	31
선은 결국 악을 이긴다	35
상처에 굴복하지 않음	40
나의 욕심, 나의 가치	43
가까운 위기부터 찾기	46
욕심이 나를 이길 때	49
무모한 결정을 앞에 두고	54
누구에게나 죽음은 있으니까	57
쉽게 자만하는 사람	61

• CONTENTS •

2장. 삐약이, 사람 사이 답을 찾는 중입니다

사회생활에서 부딪히는 다양한 관계와 사람 사이의 갈등을 다룬다. 친구, 동료, 가족 등 가까운 관계에서 겪는 실망과 배신 혹은 기대와 신뢰를 어떻게 다루어야 하는지에 관한 이야기를 담고 있다.

어려울 때 함께 있는 사람	69
고마워하지 않는 사람	77
사과가 반복될 때	85
복수의 불씨가 붙는다면	88
거짓말에 우정이 흔들린다면	93
좋은 사람을 알아보는 방법	98
참을 수 없는 모욕을 들었다면	104
받은 것을 잊는 사람	108
친구 따라 가시덩굴 들어가기	112
진짜 친구는 어떻게 찾나요	115
위선적인 사람의 요구	122
칭찬 속 함정을 찾아라!	126
말이 아닌 행동으로	130

• CONTENTS •

3장. 사회 속 '나'를 잃고 싶지 않다

타인과 나를 비교하며 흔들리는 나를 돌아보는 이야기다. 가난, 수치심, 거짓과 진실, 욕심과 명예 같은 삶의 다양한 주제를 다루며 진짜 '나'로 서기 위한 고민과 선택의 순간을 보여 준다.

지금 가진 것이 과연 전부일까 ································· 141
부끄러움을 아는 용기 ································· 144
거짓은 결국 밝혀진다 ································· 158
죽음 뒤 결국 남는 것 ································· 165
내 위험 알아차리기 ································· 172
기회를 가장 먼저 잡는 방법 ································· 175
눈덩이 같은 욕심 ································· 178
필요하지 않은 조언 ································· 182
감춰진 비밀은 함정이다 ································· 187
나만의 맞춤 업무 ································· 192
왜 나는 쉽게 화가 날까 ································· 195

• CONTENTS •

4장. 서툰 흔적을 남기는 25살을 위해

살아가는 동안 마주하는 가치와 삶의 방향성에 관한 이야기를 담았다. 성실, 명예, 선한 마음, 삶의 태도와 같은 주제를 중심으로 어떤 선택이 결국 나를 남기는지, 무엇을 삶의 중심에 둘지에 대해 얘기한다.

내가 바라는 미래를 위해 ················· 203
자존심을 내려놓는다면 ················· 206
불운 앞에서 한 발 물러서기 ················· 209
꾸준함은 배신하지 않는다 ················· 213
선함은 반드시 돌아온다 ················· 217
사라지지 않는 호의 ················· 220
명성을 지킨다는 것은 ················· 227
영원한 것은 잃지 말기 ················· 233
나태함이 삶을 지배할 때 ················· 238
벌보다 남는 것은 가르침 ················· 241
당연하지 않은 희생 ················· 247

cheep cheep cheep cheep cheep cheep cheep cheep cheep

사회가 두려운 25살에게

헛된 두려움이
찾아온다면

어느 날 루카노르 백작은 파트로니오에게 이렇게 말했다.

파트로니오, 내 땅은 넓지만 모두 끊어져 있어. 요새화가 잘 된 지역도 있지만 그렇지 않은 곳도 있지. 내 영향력도 안 닿는 멀리 떨어진 땅도 있네. 그래서 그런지 나보다 강한 영주와 다툴 때 내 주변 사람들이 이렇게 말하곤 해.
"절대 먼 지역에 가지 마시고 통제할 수 있는 요새화된 지역에만 있으세요!"

자네는 충성심이 있고 이런 일에 대해 잘 알고 있으니 이런 상황에서 내가 어떻게 해야 할지 조언을 듣고 싶네.

파트로니오가 답했다.

루카노르 백작님, 불확실한 상황에서 조언을 듣는 것은 위험합니다. 대부분의 경우 누구도 확실하게 말할 수 없기 때문이지요. 처음에는 옳지 않다고 생각한 일이 후에는 맞을 수도 있고 옳다고 믿었던 일이 틀릴 수도 있습니다.

그래서 확실하지 않은 일에 충고할 때는 괴롭습니다. 충성스럽고 선한 의도를 가진 사람이라도 조언을 부탁받으면 곤란해질 수 있습니다. 조언이 잘 맞아떨어져도 당연히 해야 할 일을 한 것일 뿐이라 감사 인사를 들을 일은 없으니까요. 반대로 조언이 틀리면 체면을 잃고 부끄러움을 감당해야 합니다. 그 책임이 고스란히 조언한 사람에게 돌아오기 때문이지요.

지금 백작님의 상황은 불확실하고 위험해 보이기에 솔직히 조언을 피하고 싶습니다. 그러나 백작님께서 꼭 제 의견을 원하시니 드리지 않을 수 없겠습니다. 그러니 닭과 여우에게 일어났던 이야기를 들어보시길 바랍니다.

숲속에 한 농부가 살았는데, 그는 암탉과 수탉을 많이 기르고 있었습니다. 어느 날 수탉 한 마리가 집에서 떨어진 들판을 당당하게 걸어가고 있었습니다. 마침 여우가 들판에 나온 수탉을 보고 몰래

다가가 잡으려 했습니다.

 수탉은 여우를 보자마자 나무 위로 날아올랐습니다. 수탉이 안전한 곳으로 피하자 여우는 화가 나서 어떻게 잡을지 궁리했습니다. 여우는 나무 아래로 가서 수탉을 칭찬하며 '평소처럼 들판에서 걸어 다니라'고 회유했지만 수탉은 내려오지 않았습니다.

 여우는 회유가 통하지 않자 협박하기 시작했고 수탉은 굴하지 않았습니다. 그러자 여우는 나무를 물어뜯고 꼬리로 세게 쳤습니다.

 그런데 어리석은 수탉은 여우의 위협이 근거 없는 것임을 깨닫지 못하고 지나치게 겁을 먹었습니다. 수탉은 터무니없는 두려움에 사로잡혀 더 안전할 것 같은 다른 나무로 옮겨 갔습니다. 여우는 겁에 질린 수탉을 뒤쫓으며 이 나무에서 저 나무로 몰아갔습니다. 결국 두려움에 사로잡힌 수탉은 나무 위에 머물지 못하고 땅으로 내려왔고 그 순간 여우가 달려들어 잡아먹었습니다.

 백작님께서 영지로 가 머물러야 한다면 쓸데없는 걱정은 하지 마십시오. 헛된 협박이나 사람들의 말에 겁먹지 말고 오직 실제로 해를 끼칠 수 있는 일에만 주의하세요. 그리고 항상 가장 먼 전초 기지를 지키고 방어하기 위해 싸우셔야 합니다.

 병력과 물자가 있다면 요새의 방어가 약하다는 이유만으로는 아무도 백작님을 해칠 수 없습니다. 근거 없는 두려움이나 불안 때문에 먼 영토를 버린다면 적들은 점점 더 많은 땅을 차지하려 할 것이고 결국 모든 것을 잃게 될 것입니다.

 백작님과 부하들이 두려움을 보일수록 적들은 더 많은 영토를 빼앗으려 할 것이고 그렇게 되면 결국 아무것도 남지 않게 됩니다. 반대로 처음부터 저항하면 지킬 수 있습니다. 마치 수탉이 나무 위에 머물렀다면 안전했을 것과 같습니다. 요새를 가진 모든 사람이 이 이야기를 알고 있다면 헛된 두려움에 휘둘리지 않을 것입니다. 또한 적들이 계책이나 함정으로 공격해도 두려워하지 않을 것입니다.

 요새는 사다리로 벽을 오르거나 땅굴을 파서만 점령할 수 있습니다. 벽이 높으면 사다리가 닿지 않고 땅굴을 파려면 많은 시간이 듭니다. 결국 요새가 함락되는 이유는 병사들의 근거 없는 두려움 때문입니다.

 그러므로 백작님과 같은 세력이나 더 약한 이들은 무슨 일을 시작하기 전에 상황을 살피고 신중하게 행동해야 합니다. 한 번 싸움에 나서면 대담하게 행동해야 하며 근거 없는 두려움을 피해야 합니다. 위험에 처한 사람들 중에 도망치는 이들보다 스스로 방어하는 이들이 더 안전하게 살아남을 수 있습니다.

작은 개라도 큰 사냥개에게 공격당할 때 이빨을 드러내고 맞서면 살아남을 수 있습니다. 하지만 도망치면 결국 잡혀 죽게 됩니다.

파트로니오의 말을 들은 백작은 매우 만족했고 그 조언대로 행동하며 기뻐했다.

돈 후안은 다음과 같은 구절을 적었다.

헛된 두려움에 굴복하지 말고
소중한 것을 용감하게 지켜라.

버텨낸 자가 가장
용감한 사람

어느 날 루카노르 백작은 그의 조언자인 파트로니오에게 이렇게 말했다.

나는 강력한 왕을 적으로 두고 있네. 우리 사이의 다툼은 오래 이어졌지만 이제 화해하는 것이 서로에게 이롭다는 걸 알게 되었어. 하지만 여전히 서로를 의심하고 있지. 게다가 그의 측근들과 친구들이 나와의 관계를 더 나쁘게 만들 구실을 찾고 있다 하니 마음이 더 불안해지고 있네. 그대는 내 모든 문제를 알고 있고 현명한 사람이니 이 상황에서 내가 어떻게 해야 할지 조언해 주게나.

파트로니오가 대답했다.
백작님, 이 문제는 신중히 다루어야 합니다. 먼저 싸움을 일으키려는 사람은 철저히 계획할 것입니다. 그는 백작님이 입은 피해에

공감하는 척하며 안심시키는 한편, 끊임없이 의심을 심을 것입니다. 그 의심 때문에 백작님은 싸움의 준비를 할 것이고 이는 다툼의 시작이 될 수 있습니다.

하지만 아무도 백작님께 준비를 하지 말라고는 할 수 없습니다. 누군가 스스로를 지키지 말라고 한다면 그는 백작님의 생명을 소중히 여기지 않는 사람처럼 보일 것이기 때문입니다. 또 누군가 요새를 고치지 말라고 한다면 백작님의 재산을 지킬 마음이 없는 사람처럼 보일 것입니다.

백작님이 많은 친구와 부하를 거느리고 그들에게 은혜를 베푸는 일을 막으려는 자는 백작님의 명예와 영토를 지키지 말라는 의도로 보일 것입니다. 그러나 준비를 한다면 백작님은 큰 위험에 빠질 수 있고 심하면 스스로 파멸까지 이를 수도 있습니다.

백작님께서 조언을 원하시니 선하고 정직했던 한 기사의 이야기를 들려드리겠습니다.

성스러운 왕, 페르난도(Fernando)가 세비야를 포위했을 때 그와 함께한 많은 훌륭한 기사들 중 세 명은 세상에서 가장 뛰어난 힘을 가졌습니다. 그중 한 명은 돈 로렌소 수아레스 가야나토(Don Lorenzo Suarez Gallinato), 다른 한 명은 돈 가르시아 페레스 데 바르가스(Don Garcia Perez de Vargas)였으며 세 번째 인물의 이름은 전해지지 않습니다.

어느 날 이 세 기사는 서로 누가 가장 뛰어난 전사인지 논쟁을 벌였지만 결론이 나오지 않자 그들은 갑옷을 입고 무어인의 땅을 점령하고 있는 세비야 성문까지 가기로 했습니다.

다음 날 아침, 그들은 갑옷을 입고 도시로 향했습니다. 성벽과 탑에 있던 무어인들은 세 사람뿐인 것을 보고 협상하러 온 줄 알았고 공격하지 않았습니다. 세 기사는 외벽을 지나 성문에 도착하였으며 가지고 있던 창으로 성문을 여러 차례 쳤습니다. 그러고는 말을 돌려 자기 진영으로 돌아갔습니다.

무어인들은 아무 말도 하지 않고 돌아가자 그들이 자신들을 조롱했다고 생각하고 뒤쫓기 시작했습니다. 성문이 열리기 전 세 기사는 이미 멀리 달아났지만 무어인들은 기병 1,500명과 보병 2만 명 이상을 내어 그들을 추격했습니다.

세 기사가 자신들에게 가까워지는 무리들을 보고 말을 돌려 그들을 기다렸습니다. 무어인들이 다가오자 이름이 전해지지 않은 세 번째 기사는 앞으로 나아가 공격했고 로렌소 수아레스와 가르시아 페레스는 자리를 지켰습니다. 그러다 무어인들이 몰려오자 나머지 기사들도 마침내 움직여 그들 사이로 뛰어들었고 놀라운 실력을 보였습니다.

왕의 군대도 그들을 돕기 위해 나섰습니다. 세 기사는 크게 다쳤지만 죽지는 않았습니다. 그날의 전투는 기독교인과 무어인들 사이에서 매우 치열했으며 페르난도 왕도 직접 전투에 참여했고 그의 군사들도 용맹하게 싸웠습니다.

전투가 끝이나고 왕은 천막으로 돌아오자 세 기사를 체포하라고 명령했습니다. 그들이 무모하게 행동해 모두를 위험에 빠뜨렸으니 처벌받아야 한다고 했습니다. 자신의 목숨을 소중하게 여기지 않았으며 왕의 명령 없이 무어인을 공격하게 한 것이 죄목이었습니다.

다른 기사들이 선처를 청하자 왕은 일단 3명의 기사를 풀어 주기로 했고 이후 그들이 벌인 논쟁 때문에 그런 무모한 행동을 했다는 것을 알게 됐습니다. 왕은 다른 기사들을 불러 세 사람 중 누가 가장 뛰어난지 물었습니다. 그러자 그들 사이에서 다시 큰 논쟁이 벌어졌습니다.

 어떤 사람들은 첫 번째로 적을 공격한 사람이 가장 큰 공을 세웠다고 주장했고 또 다른 사람들은 두 번째로 나선 사람이 더 뛰어나다고 주장했으며 또 다른 사람들은 세 번째 사람이 가장 뛰어나다고 주장했습니다. 사실 세 사람의 행동은 모두 훌륭해 누구라도 칭찬받을 만했습니다.

 논의가 끝난 후, 다음과 같은 결론이 내려졌습니다. 만약 그들을 쫓아온 무어인들이 기사들의 힘이나 지략으로 이길 수 있었다면 첫 번째로 적을 공격한 사람이 가장 뛰어난 기사입니다. 그러나 무어인들이 너무 많아 그들을 이길 수 없었기 때문에 그가 그들을 향해 나아간 이유는 이기려 한 게 아니라 겁쟁이처럼 보이지 않으려고 달려든 것이었습니다.

 두 번째로 싸운 기사는 첫 번째 기사보다 더 오래 두려움을 참았기 때문에 더 용감하다고 여겨졌습니다. 하지만 끝까지 참고 있다가 적이 먼저 공격할 때까지 기다린 기사, '로렌소 수아레스'가 결국 가장 훌륭한 기사로 인정받았습니다.

백작님도 두려움과 불안을 느끼시겠지만 이 싸움은 시작해도 끝낼 수 없는 싸움입니다. 이러한 두려움과 공포는 견딜수록 더 강해집니다.

백작님, 내면의 불안에 굴복하지 마세요. 기다린다고 해서 아무런 피해가 오지 않으니 누군가가 먼저 공격할 때까지 기다리십시오. 그러면 백작님을 붙잡고 있는 두려움과 불안은 실제가 아니라 사람들이 자신의 이익을 위해 퍼뜨린 말임을 알게 되실 겁니다.

그들은 오직 악행으로 이익을 얻습니다. 게다가 백작님 편이든 상대편이든 누구도 전쟁을 원하지 않습니다. 그들은 전쟁을 준비할 생각도 없고 완전한 평화를 원하지도 않습니다. 그들은 죄짓는 것을 두려워하지 않고 소란을 피워 그 틈을 타 재물을 모으려고 합니다. 백작님을 심란하게 만들어 놓고는 재산을 갉아먹으려고 할 뿐입니다.

그들이 원하는 건 오직 '혼란'입니다. 그들은 그저 백작님에게 손해를 입히고 백작님의 목숨과 자산을 담보로 하여 거리낌 없이 괴롭힐 수 있는 상황을 만드는 것입니다. 그러므로 그들이 백작님에게 반하는 행동을 하더라도 그로 인해 큰 피해를 입지는 않을 것입니다. 오히려 큰 이득이 될 수 있습니다.

  신이 백작님의 편에 있어 이 상황을 도우실 것입니다. 그리고 누구나 백작님이 옳은 일을 했다고 생각할 것입니다. 하지 말아야 할 일을 피한다면 상대도 백작님을 공격하지 못할 것입니다. 백작님께서는 평화를 유지하며 착한 사람들에게 선의를 베풀 수 있을 것입니다. 백작님께 해가 되는 일을 하면서까지 못된 자들을 기쁘게 해 주는 일은 하지 마십시오.

  백작은 파트로니오의 충고에 만족했고 그 말대로 행동해 큰 이익을 얻었다.

돈 후안은 다음과 같은 구절을 적었다.

남의 불평에 휘둘려 해를 입지 마라.
오래 견디는 자가 끝내 승리한다.

두렵다면
내 손을 잡아!

어느 날 루카노르 백작은 그의 조언자 파트로니오와 대화를 나누며 이렇게 말했다.

파트로니오, 오랫동안 나를 괴롭혀 온 적이 있어. 나 역시 그에게 해를 입혔고 서로 적대감이 깊어졌지. 그런데 지금 우리 두 사람보다 더 강한 제삼의 인물이 나타났어. 우리 둘 다 그를 무서워하고 있어. 아마 그에게 큰 해를 입을 수도 있을 것 같다네.

내 적은 나에게 협력하여 이 새로운 위협에 맞서자고 제안했어. 만약 우리가 힘을 합친다면 함께 방어할 수 있을 것 같고 그렇지 않으면 둘 다 쉽게 패할 것 같네. 그는 나와 손을 잡자고 하지만 혹시 나를 속이려는 것은 아닌지 의심도 드네. 그가 내게 믿음을 보여 주면 나도 그를 믿을 수 있겠지만 아직 그러지 못했어. 지금 상황이 매우 걱정되네. 자네의 지혜를 믿고 어떻게 해야 할지 조언을 구하고 싶네.

파트로니오는 이렇게 대답했다.
백작님, 이 상황은 매우 위험합니다. 잘 이해하실 수 있도록 튀니지에서 엔리케(Enrique) 왕자와 두 기사에게 일어났던 일을 말씀드리겠습니다.

엔리케 왕자와 함께 튀니지에 살던 두 기사는 절친한 친구로 항상 함께 지냈습니다. 그런데 그들이 기르던 말들은 서로를 극도로 싫어했습니다. 두 사람은 돈이 많지 않아 따로 숙소를 잡을 수 없었지만 말들이 서로 미워했기 때문에 같은 숙소에 머물 수도 없었습니다. 이 상황은 그들의 삶을 매우 불편하게 만들었습니다.

결국 그들은 엔리케 왕자에게 도움을 청하며 자신들의 말을 튀니지 왕이 기르는 사자 우리에 던져달라고 부탁했습니다. 왕자는 그들의 요청을 받아들였고 말들을 사자 우리 안에 넣었습니다. 처음에는 두 말이 서로 보자마자 싸우기 시작했지만 사자가 나타나자 서로를 향하던 적의를 거두고 조금씩 다가갔습니다. 그리고 힘을 합쳐 사자에게 맞서 싸웠고 결국 사자는 그들에게 해를 입히지 못하고 물러났습니다.

 그 뒤 두 말은 절친한 친구가 되어 한 울타리 안에서 화목하게 지냈습니다. 그들의 우정은 사자에 대한 두려움에서 비롯된 것이었습니다.

 백작님의 적이 강력한 제삼의 인물을 두려워하고 백작님의 도움 없이는 자신을 지킬 수 없다고 확신한다면 그와 점차 신뢰를 쌓고 협력하는 것이 좋습니다. 만약 그가 믿음을 보여 주어 어떤 이익이 생기더라도 백작님을 해치지 않을 것 같다면 그와 협력해 제삼자를 물리치는 것이 좋습니다.

 그러나 만약 그가 백작님을 도운 후에도 여전히 적대감을 품고 해치려 한다면 돕지 않는 것이 좋습니다. 그가 위험한 상황에서도 적의를 버리지 않는다면 그를 돕는 것이 오히려 백작님께 해가 될 수 있으니 주의하셔야 합니다.

 루카노르 백작은 파트로니오의 조언에 매우 만족했고 그 충고를 따랐다.

돈 후안은 다음과 같은 구절을 남겼다.

낯선 자의 속임수를 조심하고

네 재산을 지켜라.

가까운 이의 악행에도 방심하지 말라.

선은 결국
악을 이긴다

루카노르 백작은 그의 조언자 파트로니오와 대화하고 있었다.

파트로니오, 나에게는 두 명의 이웃이 있어. 한 사람은 내가 매우 좋아하고 깊은 정을 나누는 사이지만 때때로 나를 속이거나 해를 끼치기도 하지. 그럴 때면 매우 불쾌해. 또 다른 사람은 나와 특별히 가까운 사이도 아니고 좋아할 이유도 없어. 그런데도 가끔 나에게 불쾌한 일을 하곤 해. 자네의 지혜로 내가 이 두 사람을 어떻게 대해야 할지 조언을 구하고 싶네.

백작의 고민을 들은 파트로니오는 이렇게 말했다.
백작님께서 말씀하신 것은 두 가지 문제입니다. 그리고 서로 반대되는 상황이지요. 이해를 돕기 위해 두 가지 이야기를 들려드리겠습니다. 하나는 '선'과 '악' 사이에 있었던 일이고 다른 하나는 선량한 사람과 미친 사람에게 일어난 일입니다.

옛날에 선과 악이 함께 살기로 했습니다. 그러나 '악'은 교활하고 이기적이어서 늘 나쁜 꾀를 꾸몄습니다.

악은 선에게 양을 기르자고 했습니다. 선은 그 말을 받아들였고 양이 새끼를 낳자 악은 먼저 고르겠다며 새끼 양은 선에게 주고 자신은 젖과 양털을 가지겠다고 했습니다. 선은 아무 불평 없이 동의했습니다.

그 뒤 돼지를 키우자고 했을 때는 반대로 선에게 젖과 털을 주고 자신은 새끼 돼지를 차지했습니다. 또 무를 심었을 때는 줄기를 선에게 주고 땅속의 무를 자신이 가져갔습니다. 양배추를 심었을 때는 뿌리를 선에게 주고 자신은 위의 잎을 가졌습니다. 이렇게 언제나 좋은 몫은 악이 차지했습니다.

그러던 어느 날 악은 여자를 데려오자고 했습니다. 이번에도 선은 동의했습니다. 여자가 오자 악은 그녀의 허리 아래는 자신이, 허리 위는 선이 차지하자고 했습니다. 여자는 악과는 부부처럼 지냈고 아이까지 낳았습니다. 그러나 아기가 젖을 먹지 못하자 악은 선에게 젖을 먹게 해달라고 애원했습니다.

 선은 말했습니다.
"네가 늘 좋은 몫을 빼앗고 나를 속였지. 나는 참고 견뎌 왔지만 이제는 네가 내 도움이 없이는 살 수 없는 처지로 내몰렸구나. 네가 그동안 한 일을 생각해 봐. 이제는 네가 그 대가를 받아야 해."

 악은 크게 뉘우치며 용서를 구했고 다시는 속이지 않겠다고 약속했습니다. 그러자 선은 조건을 내걸었습니다.
"내가 젖을 허락한다면 너는 아이를 업고 도시를 돌며 이렇게 외쳐야 해. '여러분, 결국에는 선이 악을 이깁니다!'"
 악은 그 약속을 받아들였고 아들의 목숨을 구할 수 있었습니다.

 파트로니오는 이어 두 번째 이야기를 들려주었다.
 한 선량한 사람이 목욕탕을 운영하고 있었습니다. 그러던 어느 날 미친 사람이 와서 양동이, 돌, 막대기 등 닿는 대로 사람을 때리며 난동을 부렸습니다. 이런 일이 계속되자 손님이 끊겨 수입이 줄어들었습니다.

 어느 날 목욕탕 주인은 아침 일찍 뜨거운 물과 큰 몽둥이를 준비해 미친 사람이 오기를 기다렸습니다. 미친 사람이 들어서자 그는 뜨거운 물을 끼얹고 몽둥이로 머리와 몸을 마구 때렸습니다. 놀란 미친 사람은 도망치며 외쳤습니다.

"조심하세요! 목욕탕에 미친 사람이 있습니다!"

결국 주인도 미치광이 취급을 받게 되었습니다.

파트로니오는 덧붙였다.

백작님, 아주 친한 이웃에게는 불편을 주더라도 이해하고 필요할 때는 기꺼이 도와주셔야 합니다. 그러나 그것이 사랑과 정에서 비롯된 것임을 알게 하십시오.

반면, 친하지 않은 이웃에게는 그가 무슨 일을 해도 고마워할 필요도, 그의 나쁜 짓을 참을 이유도 없습니다. 그가 하는 일은 결국 자기 이익을 위한 것이지 결코 백작님을 위한 것이 아닙니다.

루카노르 백작은 이 조언에 만족했고 그대로 따랐다.

돈 후안은 이렇게 썼다.

선은 끝내 악을 이긴다.
나쁜 자와 어울려도
결코 이익이 되지 않는다.
그와 멀리하라.

상처에
굴복하지 않음

어느 날 루카노르 백작이 전투를 마치고 지친 상태로 나왔다. 그런데 쉬기도 전에 급하게 도착한 부하가 외부 침략을 알렸다. 대부분의 병사들은 백작에게 어떻게 할지 결정을 내리길 원했고 백작은 이 위기를 어떻게 해결할지 파트로니오에게 물었다.

그러자 파트로니오는 이렇게 대답했다.

이 문제를 해결하시려면 페르난 곤잘레스(Fernán González) 백작이 그의 신하에게 했던 말을 아셔야 합니다.

페르난 곤잘레스 백작이 하시나스에서 알만소르(Almanzor) 왕을 물리쳤을 때 많은 병사들이 전사했고 살아남은 이들도 심하게 부상을 입었습니다. 그들이 회복하기도 전에 나바르 왕이 그의 영토를 침범하고 있다는 소식을 듣자 백작은 병사들에게 나바르 군과 싸울 준비를 하라고 명령했습니다. 그러나 병사들은 자신들의 말도 지쳤고 자신들 또한 지쳐 있었기에 회복할 때까지 기다려야 한다고 주장했습니다.

백작은 그들이 모두 목숨을 명예보다 더 중요하게 여긴다는 것을 알고 이렇게 말했습니다.

"동료들이여, 우리가 받은 상처에 굴복하지 맙시다! 앞으로 받을 상처는 우리가 이미 겪은 고통을 사소하게 만들 것입니다. 그러니 물러서지 말고 명예를 위해 싸웁시다."

병사들은 페르난 곤잘레스 백작이 자신의 몸을 돌보지 않고 나라와 명예를 지키려 한다는 것을 알게 되었고 결국 그와 함께 싸움에 나섰다. 그들은 전투에서 승리하여 큰 성공과 명예를 얻었다.

백작님께서는 해야 할 일을 하셔야 합니다. 재산과 백성 그리고 명예를 지키는 데 최선을 다하신다면 고통이나 수고, 위험을 두고 결코 불평하실 일이 없을 것입니다. 그러니 현재의 위험과 고통이 과거를 잊게 하도록 하십시오.

백작은 이 조언이 좋다고 생각했고 그 말을 따랐으며 승리를 거두었다.

돈 후안은 그것을 책에 기록하며 다음과 같은 시를 지었다.

이 진리를 배우고 또 배우라.
게으름을 피우지 말고 명예를 지키라.
나태와 게으름, 부와 영광은 결코
함께할 수 없는 상극이다.

나의 욕심,
나의 가치

어느 날 루카노르 백작은 파트로니오에게 말했다.

어떤 장소에 가면 큰돈을 얻을 수 있다고 하네. 하지만 그곳에 오래 머무르다가 불상사가 생길 수도 있다고 하지. 그래서 계속 망설여지네. 자네의 조언을 들려주게.

백작의 물음에 파트로니오는 대답했다.
백작님, 한 남자가 깊은 강을 건너면서 귀중품을 짊어지고 있었을 때 일어난 일입니다.

어떤 남자가 등에 보석을 가득 짊어지고 있었는데 너무 많고 무거워서 나르기가 매우 힘들었습니다. 그는 넓은 강을 건너야 했지만 짐이 무거워 강물에 점점 더 깊이 가라앉기 시작했습니다. 강의 가장 깊은 곳에 다다랐을 때 강가에 있던 한 남자가 외쳤습니다.
"짐을 버리지 않으면 익사할 거예요!"

그러나 어리석은 남자는 그 사실을 깨닫지 못했습니다. 짐을 버리면 생명은 구할 수 있지만 보물은 잃게 되기 때문입니다. 그럼에도 불구하고 그는 보석을 탐하는 욕심 때문에 짐을 내려놓지 않았습니다. 결국 그는 강에서 익사하여 보석도 목숨도 모두 잃고 말았습니다.

파트로니오는 이어서 말했다.
백작님, 금전적 이득이나 다른 이점들이 아무리 유리하게 보이더라도 생명이나 신체에 위험이 따른다면 돈이나 다른 유혹 때문에 그곳에 머물지 마십시오. 또한 명예를 위해서도 안 되며 하지 않으면 큰 치욕을 당할 일이 아니라면 절대 목숨을 걸지 마십시오.

자신을 중요하게 생각하지 않고 욕심이나 허영심 때문에 자신의 생명을 위태롭게 하는 사람은 그 삶으로 할 일이 많지 않다는 것과 같습니다. 자신을 진정으로 가치 있게 여기는 사람은 다른 사람들도 자신을 가치 있게 여깁니다. 스스로를 소중히 여기는 사람은 다른 이로부터 존경을 받을 수밖에 없습니다.

그러나 모험할 만한 가치가 있는 일이라면 자신을 가치 있게 여기는 고귀한 사람이야말로 누구보다도 기꺼이 목숨을 걸고 나설 것입니다.

 백작은 이 조언이 훌륭하다고 생각했고 그 말대로 행동하여 성공을 거두었다.

돈 후안은 책에 다음과 같은 시를 썼다.

탐욕이 목적이 된 행동은
자신의 목숨이 위태로운 상황을 간파하지 못한다.
자신의 생명이 가장 가치 있다는 걸 알지 못하는 사람은
몸을 함부로 힘들게 하여 이득을 구한다.
이렇게 자신의 목숨이 죽음으로 빠르게 달려간다는 걸 망각한다.
탐욕은 그 어떤 과정으로도
결코 좋은 결과를 얻지 못한다.

가까운
위기부터 찾기

루카노르 백작은 파트로니오에게 이렇게 말했다.

파트로니오, 나는 두 명의 이웃과 같은 시기에 싸움을 하게 되었어. 한 명은 별로 강하지 않지만 가까이 살고 있고 또 한 명은 세력이 강하지만 멀리 떨어져 있네. 어떻게 해야 할지 조언을 구하고 싶네.

파트로니오는 백작의 질문에 이렇게 말했다.
백작님, 가장 유리한 결정을 내리시려면 한 남자와 참새 그리고 제비에게 일어났던 일을 아시는 것이 좋습니다.

어느 마을에 몸이 허약한 한 남자가 살고 있었습니다. 그는 늘 피곤했기에 새들의 울음소리가 너무 시끄럽게 느껴졌습니다. 친구에게 이 이야기를 하자 친구가 말했습니다.

"모든 새를 없앨 수는 없지만 참새나 제비 중 하나는 없앨 수 있어."

지친 남자는 이렇게 대답했습니다.
"제비가 더 시끄럽기는 하지만 제비는 집 안에 들어왔다가 다시 나가버려. 참새는 늘 집 안이나 주위에 머물며 시끄럽게 하지. 그러니 더 시끄러운 제비보다는 참새를 멀리 보내 주었으면 해. 참새는 항상 여기 있으니까 말이야."

백작님, 먼 곳에 사는 사람이 더 강력하더라도 가까이 있는 사람과 먼저 싸워 이기는 것이 낫다고 생각합니다. 비록 그가 더 강하지 않더라도 말입니다.

백작은 이 조언이 좋다고 생각했고 그대로 따랐으며 모든 일이 잘 풀렸다.

돈 후안은 이 이야기를 책에 기록하며 다음과 같은 시를 썼다.

피할 수 없는 다툼이라면
가까운 자와의 싸움을 먼저 택하라.
멀리 있는 적이 강해도
가까운 적이 더 큰 위험이 될 수 있다.

욕심이
나를 이길 때

루카노르 백작은 그의 조언자 파트로니오와 이야기했다.

파트로니오, 어떤 사람이 점술뿐만 아니라 미래까지 알 수 있는 방법을 알고 있다고 하더군. 그 방법으로 내 재산을 크게 늘릴 수 있다고 하는데 혹시 잘못되지 않을까 싶어서 불안한 마음이 드네. 그 사람이 실수를 할 수도 있을 테니 이 경우에 어떻게 해야 할지 조언해 주게.

파트로니오는 백작이 이 문제에서 최선의 선택을 할 수 있도록 어떤 남자가 악마와 겪은 일을 들려주었다.

어떤 부유했던 남자가 가진 돈을 모두 잃고 가난하게 살고 있었습니다. 과거에 부유했다가 가난해진 사람보다 더 비참한 사람은 없지요. 이 사람도 예전에 부유했다가 지금은 궁핍해 괴롭고 슬픈 나날을 보내며 방황했습니다.

 어느 날 그는 우울한 생각과 슬픔에 젖어 숲을 홀로 걷다가 악마를 만났습니다. 악마는 모든 일을 알고 있었기에 그 남자의 슬픔을 알아차리고 왜 그렇게 슬퍼하는지 물었습니다. 남자는 말해 봐야 소용없다고 대답하며 세상 누구도 자신에게 도움을 줄 수 없다고 했습니다.

 하지만 악마는 그가 자신의 명령을 따르기만 하면 불행과 가난에서 벗어나게 해 주겠다며 속삭였습니다. 남자는 악마에게 자신의 상황과 슬픔의 이유를 말해 주었고 악마는 그에게 가장 부유한 사람이 되게 해 주겠다고 약속했습니다. 또 자신이 악마이며 그런 힘을 가지고 있다고 밝혔습니다.

 남자는 큰 슬픔에 빠져 있었기 때문에 지푸라기라도 잡는 심정으로 악마의 말을 믿었습니다. 악마가 인간을 속이는 시기는 그들이 어려움에 처해 있거나, 가난하거나, 두려워하거나, 악한 일을 하고자 하는 욕망을 느낄 때입니다. 바로 그때 악마에게 속아 넘어가게 되는 것입니다. 이 남자도 어려운 시기에 악마의 꾐에 넘어갔습니다.

그리하여 그들은 계약을 맺고 남자는 악마의 종이 되었습니다. 모든 조건이 정해진 후, 악마는 남자에게 귀중한 것을 훔치라고 명령하며 아무리 철저히 잠겨 있는 문이더라도 즉시 열어 주겠다고 약속했습니다. 또 남자가 어려움에 빠지거나 체포되었을 때 '도와줘, 돈 마르틴!'이라고 외치면 즉시 와서 구해 주겠다고 했습니다.

이 계약을 맺고 난 후 남자가 어느 상인의 집에 도착했고 악마는 문과 금고까지 열어 주었습니다. 남자는 고민도 하지 않고 많은 돈을 가져갔습니다. 또 다른 날에도 큰 도둑질을 했고 그 후에도 여러 번 훔쳤습니다.

이제 그는 과거의 가난을 기억하지 못할 정도로 부자가 되었습니다. 그러나 이 비참한 자는 불행에서 벗어난 것에 감사하지 않고 더 많은 도둑질을 했습니다. 그리고 결국 너무 자주 훔친 끝에 결국 붙잡히고 말았죠. 이때 그는 "돈 마르틴, 나를 구해 줘!"라고 외쳤고 악마는 즉시 나타나 감옥에서 구해 주었었습니다.

이후 남자는 악마만을 믿으며 다시 도둑질을 시작했고 많은 범죄를 저질렀습니다. 그는 이전보다 훨씬 더 부유해졌으나 다시 사람들에게 붙잡혔습니다. 이번에도 돈 마르틴을 불렀지만 이상하게도 나타나지 않았습니다. 재판이 시작되어서야 돈 마르틴이 도착하자 남자는 "왜 이렇게 늦게 온 거야!" 하고 큰소리를 쳤습니다. 돈 마르틴은 다른 급한 일 때문에 늦었다고 대답하고는 그를 구해 주었습니다.

남자는 다시 도둑질을 했으나 또 붙잡혔습니다. 이번에는 재판이 끝나고 형량이 선고된 후에야 돈 마르틴이 나타났습니다. 그럼에도 그는 다시 도둑질을 계속했습니다. 그러다 결국 사형 선고까지 받게 되었고 교수대 밑에 섰을 때 비로소 돈 마르틴이 나타났습니다.

남자는 "돈 마르틴, 이번에는 정말 죽을 뻔했어"라고 말했습니다. 돈 마르틴은 500마라베디(스페인 주화 단위)가 들어 있는 보따리를 주며 재판관에게 주라고 하고 사라졌습니다. 재판관이 형 집행을 시작하려 하자 줄이 보이지 않아 당황했고 그 틈에 남자는 돈 보따리를 건넸습니다. 재판관은 속에 돈이 가득할 것이라 생각했지만 열어 보니 밧줄뿐이었습니다.

화가 난 재판관은 즉시 교수형을 명했습니다. 남자가 끌려가자 돈 마르틴이 나타나 이렇게 말하고 사라졌습니다.
"이전에는 같이 일할 친구가 없었지만 지금은 자네 말고도 아주 많아!"

 백작님, 점쟁이나 어리석은 자들을 믿지 마십시오. 재산을 늘리고 싶다면 자신의 땀과 노력을 통해서만 이룰 수 있다는 것을 명심하시고 그대로 실천하시기 바랍니다.

 백작은 이 충고가 좋다고 생각하고 따랐으며 그로 인해 좋은 일이 생겼다.

돈 후안은 책에 다음과 같은 구절을 썼다.

거저 얻는 것을 좋아하고
거저 갖게 된 것을 기뻐하며
갚을 줄 모르는 자,
그 모든 축복에 감사하지 않고
베풀지 못하는 자,
미신과 우연에 자신을 맡기는 자는
비참한 삶을 맞이한다.

무모한 결정을
앞에 두고

어느 날 루카노르 백작은 그의 조언자 파트로니오와 대화를 나누며 이렇게 말했다.

감사하게도 난 이웃들에게 할 일을 다 한 것 같네. 어쩌면 그 이상일 수도 있지. 이제 몇몇 사람들은 나에게 특별한 일을 하라고 권하고 있고 나도 그들의 조언을 따르고 싶네. 하지만 자네와 먼저 대화를 나누기 전이라 아무 일도 시작하지 않고 있었지.

파트로니오는 대답했다.
루카노르 백작님, 가장 적절한 결정을 내리시려면 이탈리아의 제노바 사람에게 일어난 이야기를 들어보셔야겠습니다.

한때 제노바에 매우 부유하고 이웃들에게 존경받던 한 남자가 있었습니다. 그는 심각한 병에 걸려 죽음을 피할 수 없다는 것을 깨달았습니다. 그래서 그는 친척들과 친구들을 불렀고 아내와 자녀들까지 오게 했습니다. 그는 바다와 땅을 모두 볼 수 있는 방에 앉아 모든 보물과 보석을 그 앞에 가져다 놨습니다. 그러곤 그는 자신의 영혼에게 농담조로 말했습니다.

"영혼이여, 네가 나를 떠나려는 것 같구나. 왜 그러는지 모르겠다. 만약 네가 아내와 자식이 필요하다면 여기 네 앞에 있지 않느냐? 너는 분명 만족할 것이야. 친척과 친구를 원한다면 여기 세상의 존경을 받는 훌륭한 사람들이 있지 않느냐? 금은보화가 필요하다면 여기 모든 것이 있으니 더는 필요 없을 것이다. 배가 필요하다면 창문 밖 바다에 보일 것이다. 아름답고 멋진 정원이 필요하다면 창문을 통해 다 볼 수 있지 않은가?

 말이나 노새, 사냥을 위한 새와 개 또는 너를 즐겁게 할 광대나 편안한 침대와 편의시설이 필요하다면 여기 다 있다. 이 모든 걸 갖추고도 만족하지 못하고 이 모든 축복을 받아들일 수 없는가? 그렇다면 어디로 가는지 모르겠지만 영혼이여, 떠나라."

 백작님은 이미 평안 속에 부유함과 명예를 누리고 있으니 모험을 찾아 나서거나 누군가의 권유를 따라 무모한 일을 하시지 않는 게 좋습니다. 어쩌면 그 조언을 해 주는 사람들의 의도는 백작님을 어려운 상황에 빠트려 결국 그들의 뜻에 따르게 하려는 것일 수도 있습니다.

평화로울 때는 그들이 당신을 따르지만 위험에 빠지면 그들은 자신의 이익만 챙기려 할 것입니다. 그러니 진정으로 필요한 상황이 아니라면 무모한 일에 휘말리지 않는 것이 현명할 것입니다.

루카노르 백작은 파트로니오의 조언에 만족했고 그 조언을 따랐으며 이익을 얻었다.

돈 후안은 이 이야기에 관해 카스티야 지방에서 전해 내려오는 다음과 같은 속담을 적었다.

이득이 있을 때가 아니면
앉아 있는 자리를 떠나지 마라.

누구에게나
죽음은 있으니까

루카노르 백작은 그의 조언자 파트로니오와 이야기를 나누었다.

파트로니오, 전쟁이 끝나면 어떤 사람들은 다른 적과 다시 싸움을 시작하라고 하고 어떤 사람들은 평화를 유지하라고 하네. 또 다른 사람들은 무어인들과 전쟁을 시작하라고 하지. 자네만큼 잘 조언할 수 있는 사람은 없으니 이번 상황에서 내가 어떻게 해야 할지 알려 주게나.

파트로니오가 말했다.
백작님, 이번 상황에서 어떻게 대처하는 것이 가장 좋은지 알 수 있도록 돈 후안 마누엘(Don Juan Manuel)의 세이커 매와 독수리 그리고 왜가리에 관한 이야기를 들려드리겠습니다.

돈 후안 마누엘 왕자가 에스칼로나 근처에서 사냥을 하던 중, 세이커 매를 왜가리에게 풀어놓았습니다. 매가 왜가리에게 날아오르자 저 멀리 있던 독수리가 매를 공격하려고 다가왔습니다. 매는 독수리를 두려워하여 왜가리를 버리고 도망쳤고 독수리는 매를 잡을 수 없자 멀리 날아가 버렸습니다.

매는 독수리가 사라지자 다시 왜가리를 쫓기 시작했습니다. 그러나 독수리가 다시 돌아왔고 매는 다시 도망쳤습니다. 이런 일이 세 번, 네 번이나 반복되었습니다. 독수리가 사라질 때마다 매는 왜가리를 쫓았고 독수리가 돌아오면 매는 도망쳤습니다. 결국 매는 왜가리를 사냥하지 못하게 하는 독수리를 표적으로 삼았습니다. 왜가리를 놔두고 독수리를 향해 올라가 여러 번 공격해 독수리를 크게 다치게 했고 결국 독수리가 그 지역을 떠나도록 했습니다.

매가 독수리를 몰아낸 후, 다시 왜가리에게 날아올랐고 하늘 높이 올라가 추격했습니다. 그러나 독수리가 또다시 그를 공격하기 위해 돌아왔습니다. 매는 더 이상 선택의 여지가 없다는 것을 깨닫고 다시 독수리를 향해 날아올라 독수리의 날개를 부러뜨릴 정도로 강하게 공격했습니다. 독수리의 날개가 부러진 채 떨어지는 것을 보자 매는 다시 왜가리에게 돌아가 그를 잡았습니다. 왜가리 사냥을 마치기 전에 방해하던 독수리를 물리쳤기 때문에 매는 사냥을 포기하지 않을 수 있었습니다.

백작님, 지금의 위치에서 무어인들과의 전쟁이 가장 유익한 일임을 아실 것입니다. 다른 일이 해결되면 곧 무어인들과 전쟁을 시작하십시오. 이렇게 함으로써 많은 선한 일을 이룰 수 있습니다.

명예를 지키며 자신의 위치와 의무에 충실할 수 있습니다. 아무것도 하지 않고 성과를 이루는 것은 위대한 군주로서 합당하지 않습니다. 군주들은 해야 할 일이 없을 때 백성들을 제대로 대하지 않으며 그들에게 해야 할 모든 것을 하지 않기 때문입니다. 쓸데없는 일에 시간을 낭비하게 됩니다. 귀족들에게는 명확한 목표가 있는 것이 좋습니다. 귀족으로서 수행할 수 있는 모든 의무 중에 무어인들과의 전쟁보다 더 명예롭고 유익한 일은 없습니다.

인생에서 죽음을 맞이해야 한다는 사실을 마음에 새기십시오. 인생 동안 당신이 저지른 죄의 대가를 반드시 치러야 한다는 사실을 깨달으십시오. 하지만 선한 의지를 가지고 전쟁 중에 죽는다면 축복을 받을 것입니다. 설령 전쟁에서 죽지 않더라도 선한 행동과 진실한 의도를 통해 구원받을 것입니다.

백작은 이 조언을 좋게 여겼고 파트로니오의 말을 따랐으며 이 일을 잘 이끌어달라고 기도했다.

돈 후안은 다음과 같은 구절을 썼다.

신이 너를 돌봐 주시길 원한다면
그분을 항상 마음에 새겨라.

쉽게
자만하는 사람

 어느 날 루카노르 백작은 조언자 파트로니오와 이야기를 나누며 큰 고민이 있다고 말했다.

 어떤 일을 하면 많은 이들의 비난을 받을 것이고 하지 않으면 또 다른 사람들이 불만을 가질 것 같다는 것이었다. 그래서 그는 자신의 생각을 말하고 파트로니오의 의견을 구했다.

 백작님, 저보다 더 나은 조언을 줄 수 있는 이들이 많다는 것을 압니다. 또 백작님께서는 훌륭한 판단력을 지니셨기에 제 조언이 크게 필요하지 않을 수도 있습니다. 그러나 백작님이 원하시니 제 의견을 말씀드리겠습니다. 농부와 그의 아들에 관한 이야기입니다.

 옛날, 착한 농부와 아들이 함께 살고 있었습니다. 아들은 아직 어렸지만 총명했습니다. 그런데 아버지가 무언가를 하려 하면 아들은 일이 잘못될 수 있다며 막곤 했습니다. 그래서 농장은 자주 일손을 놓게 되었죠.

똑똑한 아이일수록 실수를 쉽게 저지르는 경우도 많습니다. 시작은 잘 알지만 결과를 예측하지 못하기 때문입니다. 누군가 잡아 주지 않으면 잘못된 길로 빠지기도 쉽습니다. 이 경우도 마찬가지였습니다.

아버지는 늘 아들이 자기 일을 가로막는 것이 마음에 걸렸습니다. 그래서 아들에게 교훈을 주고자 결심했습니다.

어느 날 아버지는 아들에게 당나귀를 데리고 시장에 가자고 했습니다. 두 사람은 당나귀를 끌고 길을 걸었습니다. 당나귀 등에는 아무것도 실려 있지 않았습니다. 마침 마을 사람들이 지나가며 "당나귀에 짐도 안 싣고 그냥 끌고만 가다니 어리석구나"라고 말했습니다. 아버지는 아들에게 생각을 물었고 아들은 "그들 말이 맞아요"라고 했습니다. 그러자 아버지는 "그럼 네가 당나귀를 타라"라고 했습니다.

아들이 당나귀에 올라타고 조금 더 가니 이번에는 다른 사람들이 말했습니다. "아버지가 늙어 힘들어 보이는데 젊고 튼튼한 아들이 당나귀를 타다니!" 아버지는 다시 아들에게 물었고 아들은 "그 말도 맞는 것 같아요"라고 했습니다. 아버지는 아들을 내려오게 하고 자신이 올라탔습니다.

 조금 뒤 또 다른 사람들을 만났습니다. 이번에는 "어린 아들을 걸게 하고 아버지가 당나귀를 타다니 옳지 않아!"라는 말을 들었습니다. 아버지가 묻자 아들은 "그것도 맞는 말이에요"라고 했습니다. 그러자 아버지는 "그럼 우리 둘 다 타자"라고 했습니다.

 두 사람이 함께 당나귀를 타고 가니 이번에는 사람들이 "당나귀가 너무 말라 보이는데 둘이 타다니 지나치네"라고 했습니다. 아버지가 물었고 아들은 이번에도 "그들 말이 맞아요"라고 했습니다.

 그러자 아버지가 말했습니다.
"아들아, 우리가 집을 떠날 때는 둘 다 걸었고 당나귀는 짐이 없었지. 너는 그것이 옳다고 했어. 그런데 길에서 만난 사람들은 그게 잘못됐다고 했고 그래서 네가 타고 나는 걸었지. 그때도 너는 옳다고 했어. 그다음에는 내가 타고 네가 걸었을 때도 너는 옳다고 했고 이제 둘이 함께 타자했을 때도 옳다고 했지. 하지만 어떤 사람도 우리가 한 일 모두를 옳다고 하지 않았어. 세상 누구도 모든 상황을 칭찬하지 않는단다. 나는 이것을 보여 주고 싶었어. 어떤 일을 하면 반드시 불만을 터뜨리는 사람이 있기 마련이야. 또 어떤 이들은 옳은 것을 추구한다며 그로 인해 피해를 용납하지 않겠지. 그러니 가장 바르고 유익한 일을 하고 싶다면 남에게 해를 끼치지 않는 한 흔들리지 말고 그 일을 하거라. 대부분의 사람들은 자기 생각만 말할 뿐, 네게 진정한 유익을 주지는 않는다."

백작님, 이 이야기가 도움이 되었으면 합니다. 어떤 일을 걱정하신다면 하지 않아도 비판받을 수 있습니다. 제 조언은 이렇습니다.

무엇을 하기 전, 모든 이점과 단점을 살피십시오. 자신의 판단만 믿지 말고 자만하지 마십시오. 신뢰할 수 있는 충직하고 지혜로운 이들에게 조언을 구하십시오. 만약 그런 조언자를 찾지 못한다면 서두르지 말고 하루이틀 시간을 두십시오. 시간이 허락된다면 말입니다. 무엇보다 자신의 이익을 위해 내린 결정이라면 사람들이 뭐라 하든 그 일을 멈출 이유는 없습니다.

루카노르 백작은 이 이야기를 듣고 깊이 새겼다.

돈 후안은 이 교훈을 책에 기록하며 이렇게 썼다.

청하지 않은 충고는 도움이 되지 않는다.
도움이 되더라도 그 크기는 아주 작다.
가장 좋은 선택은 스스로 판단하고
스스로 내린 결정에서 비롯된다.

cheep cheep cheep cheep cheep cheep cheep cheep cheep

삐약이, 사람 사이
답을 찾는 중입니다

어려울 때 함께 있는 사람

어느 날 루카노르 백작이 그의 조언자 파트로니오와 대화를 나누며 말했다.

파트로니오, 얼마 전 내게 영향력이 크고 사람들에게 존경받는 한 사람이 찾아왔네. 그는 나와 친분이 깊은 좋은 친구인데 어떤 일들 때문에 이 나라를 떠나 다시는 돌아오지 않겠다고 했지.

그리고 나를 좋아하고 믿기 때문에 자신의 모든 땅을 내게 맡기고 싶다고 하더군. 일부는 나에게 팔고 나머지는 내 손에 맡기고 싶어 해. 이건 그의 바람이기도 하고 내게도 큰 이익과 명예가 될 것이네. 내가 어떻게 해야 할지 조언해 주게.

파트로니오가 말했다.

루카노르 백작님, 이 문제는 제 조언이 꼭 필요하지는 않다고 생각합니다. 그러나 백작님께서 원하시니 제 의견을 드리겠습니다.

우선, 그 사람이 진정한 친구라고 믿고 계시지만 사실 그는 그저 백작님과의 우정을 시험하기 위해 그런 말을 하고 있을 뿐이라고 생각합니다. 이는 왕과 그가 총애하는 신하에 대한 이야기와 비슷합니다.

루카노르 백작은 그 이야기를 말해 달라고 요청했다.
백작님, 옛날에 한 왕이 있었는데 그 왕은 자신이 총애하는 신하를 매우 신뢰했습니다. 하지만 행운을 누리는 사람은 질투도 받기 마련입니다. 왕의 곁에 있던 몇몇 사람들도 그 충신의 행운과 왕의 신임을 질투했습니다. 그 충신이 왕의 신임을 잃도록 노력했지요.

하지만 그들이 무슨 말을 해도 왕은 충신을 해치거나 의심하지 않았고 그의 충성심을 의심하지도 않았습니다. 그들은 다른 방법으로는 목표를 이루기 어렵다고 생각했습니다.

결국 왕에게 '그 신하가 왕을 죽이려고 음모를 꾸미고 있으며 왕을 죽인 후에는 어린 왕자까지 죽여 나라를 차지하려 한다'고 말했습니다. 지금까지는 왕의 마음에 의심을 심는 데 실패했지만 왕의 마음속에는 점차 조금씩 불안이 생기기 시작했습니다.

왕은 의심이 커져가더니 결국 큰 두려움에 사로잡혔지만 진실을 알기 전까지는 그 신하에게 특별한 행동을 취하지 않고 망설였습니다. 충신을 실각시키려는 자들은 왕에게 그들의 말이 진실인지 확인할 방법을 알려 주었습니다. 그리고 그들은 왕에게 무엇을 말해야 하는지 교묘하게 가르쳐 주었죠.

왕은 그들의 조언을 따르기로 했습니다. 며칠 후, 왕은 충신과 만나 이야기를 나눴습니다.
왕은 자신이 삶에 지쳐가고 있으며 모든 것이 무의미하게 느껴진다는 암시를 주었습니다. 그러고는 더 이상 말하지 않았습니다.

이후 다시 충신과 대화하면서 왕은 다른 주제로 이야기하는 듯하다가 세상의 일들에 관심이 줄고 흥미를 잃어간다고 다시 말했습니다. 그는 이 고민을 대화의 주제로 자주 언급했습니다. 결국 충신은 왕이 세상의 명예나 부, 물질적 소유 그리고 세상의 어떤 즐거움에도 기쁨을 느끼지 않는다고 생각했습니다.

어느 날 왕은 자신의 죄를 뉘우치기 위해 저 멀리 세상에 잘 알려지지 않은 낯선 곳으로 갈 것이라고 말했습니다. 그러자 충신은 매우 놀라며 그 계획을 실행하지 말라고 간청했습니다. 왕이 정의롭고 평화롭게 유지해 온 국가와 백성을 저버리는 것은 큰 죄라고 말했습니다.

만약 왕이 떠난다면 백성들 사이에 큰 혼란과 분쟁이 일어날 것이고 왕국은 큰 피해를 입을 것이라고 했습니다. 왕이 떠나려는 계획을 포기하지 않으면 왕비와 어린 아들, 백성과 재산 모두 큰 위험에 빠질 거라고 말했습니다.

이에 왕은 나라를 떠나기 전에 왕비와 아들 그리고 왕국을 돌볼 방법을 생각해 두었다고 말했습니다. 왕의 계획은 다음과 같았습니다. 충신이 지금까지 그래왔듯 충성스럽게 자신을 잘 섬길 것이라고 기대하며 그를 누구보다 신뢰한다고 했습니다. 그래서 왕은 왕비와 아들을 충신이 잘 보살피도록 하고 왕국의 요새와 성채들까지 맡아 주기를 바란다고 했습니다. 이렇게 하면 아무도 왕자를 해칠 수 없을 것이기 때문이라고 말했습니다.

만약 왕이 나중에 돌아오게 된다면 충신에게 맡겼던 모든 일이 잘 이루어져 있을 거라고 확신했습니다. 그리고 만약 자신이 죽는다면 그 충신이 왕비를 잘 섬기고 아들을 잘 키우며 그가 자랄 때까지 왕국을 계속 지켜 줄 것이라고 믿는다고 말했습니다. 즉, 왕은 그에게 왕실 전체를 맡기려는 뜻을 전했던 것입니다.

충신은 왕이 아들과 왕국을 자신의 권한 아래 두겠다고 하자 겉으로는 내색하지 않았지만 속으로는 기뻤습니다. 이제 모든 권력을 손에 넣어 마음대로 할 수 있었죠.

충신의 집에는 지혜로운 노예가 있었습니다. 그동안 충신은 중요한 일을 그 노예의 충고에 따라 결정해 왔습니다. 충신은 집에 도착하자마자 노예에게 왕의 말을 전했고 왕이 왕국 전체를 자신에게 맡기려 한다며 기쁜 기색을 감추지 않았습니다.

그 노예는 왕이 아들과 왕국을 주인에게 맡기려 한다는 말을 듣고 이것이 함정임을 알아챘습니다. 그래서 충신에게 목숨도 재산도 큰 위험에 처했다고 말했습니다. 왕의 말은 실제로 실행하려는 계획이 아니라 충신을 시험하려고 꾸민 계책임을 간파했습니다. 그동안 주인을 모함해 온 자들이 왕을 부추겨 그런 말을 하게 했고 이제 왕이 직접 충신을 시험하려 한다고 설명했습니다. 만약 충신이 그 계획에 기뻐한다는 것을 왕이 알게 되면 목숨도 재산도 위태로울 것이라고 경고했습니다.

충신은 이 말을 듣고 크게 당황했습니다. 노예의 말이 옳았기 때문입니다. 노예는 위험에서 벗어날 방법을 알려 주어 충신은 즉시 실행에 옮겼습니다.

그날 밤, 충신은 머리와 수염을 깎고 거지들이 입는 낡고 해진 옷을 걸쳤습니다. 헌 신발을 신고 지팡이를 들었으며 옷 안에 꽤 많은 돈을 숨겨 넣었습니다. 새벽이 되기 전에 그는 왕의 거처 앞문으로 갔습니다. 그리고 문지기에게 이렇게 말했습니다.
"지금 바로, 조용히 왕께 가서 사람들이 깨기 전에 함께 떠나자고 전해 주게."
그리고 이 말을 꼭 비밀로 전해 달라고 부탁했습니다.

문지기는 충신의 차림을 보고 매우 놀랐고 왕에게 가서 그대로 전했습니다. 왕도 크게 놀라 그를 데려오라고 명했습니다. 왕은 그의 차림을 보고 물었습니다.
"왜 그런 차림인가?"
신하는 대답했습니다.

"떠나시려 한다는 것을 알고 있습니다. 저는 늘 함께했고 명예와 부도 함께 누렸습니다. 그러니 떠도는 삶도 함께하는 것이 마땅하다고 생각합니다. 떠나시면서도 왕비와 아들, 나라를 걱정하지 않으신다 하셨으니 저 또한 제 재산을 걱정할 이유가 없습니다. 이제 저는 함께 떠나 아무도 모르게 섬기겠습니다. 살아가는 데 필요한 재물도 충분히 가져왔으니 심려하지 마십시오. 이미 떠나기로 하셨으니 사람들이 눈치 채기 전에 빨리 떠나시는 것이 좋겠습니다."

왕은 진심으로 감동했습니다. 충신의 말을 듣고 그가 진실을 말한다고 믿었으며 벅찬 고마움을 느꼈습니다. 그제야 왕은 이 모든 것이 충신을 시험하려 꾸민 일이었다고 설명했습니다. 충신은 부당한 질투 때문에 속임수에 걸려들어 죽을 뻔했지만 집에 있던 현명한 노예의 조언 덕분에 위기에서 벗어날 수 있었습니다.

루카노르 백작님도 친구의 말에 속지 않도록 조심하셔야 합니다. 그의 말은 분명 백작님을 시험하려는 것일 수 있습니다. 그러니 그에게 '원하는 것은 그의 이익과 명예를 지켜 주는 일뿐이며 그의 재산이나 어떤 것도 원하지 않는다'고 믿게 하십시오. 친구 사이에 욕심이 있으면 우정은 오래가지 못합니다.

백작은 조언자의 말이 옳다고 생각했고 그가 말한 대로 행동하여 큰 이익을 얻었다.

돈 후안은 그 교훈을 전하기 위해 다음 구절을 썼다.

자기에게 손해가 된다면
아무도 쉽게 자기 것을 내주지 않는다.
친구의 충고와 진심 어린 행동 덕분에
어려움은 풀리고 원하는 것을 이루게 될 것이다.
어려움에 처한 친구에게는
같은 편이 되어 주는 것만큼
감사한 것이 없다.

고마워하지 않는 사람

루카노르 백작은 그의 조언자 파트로니오와 대화를 나누며 말했다.

파트로니오, 어떤 사람이 나에게 도움을 요청하면서 그 대가로 큰 이익과 명예를 주겠다고 약속했어. 그래서 나는 그를 도와주고 있지. 그런데 일이 거의 끝나갈 무렵 내가 그의 도움이 필요해졌는데 그는 핑계를 대며 도와주지 않았어. 그 후 다시 한 번 나를 도울 기회가 있었지만 또 핑계를 댔지.

그는 내가 부탁할 때마다 늘 이렇게 도와주지 않았어. 지금 그의 문제가 아직 해결되지 않았는데 내가 원하지 않으면 결코 풀리지 않을 걸세. 이 상황을 어떻게 해야 할지 자네의 지혜를 빌리고 싶네.

그러자 파트로니오가 대답했다.

백작님, 그 문제를 바르게 처리하실 수 있도록 산티아고의 대리 주교와 톨레도의 위대한 학자 돈 일린(Don Yllan) 사이에 일어난 이야기를 들려드리겠습니다.

산티아고에는 주술에 능통한 대리 주교가 있었습니다. 그는 톨레도에 사는 '돈 일린'이라는 사람이 누구보다도 학문에 뛰어나다는 소문을 들었죠. 그래서 그 학문을 배우기 위해 톨레도로 갔으며 도착하자마자 곧장 돈 일린의 집으로 향했습니다. 그 시각 돈 일린은 방에서 조용히 책을 읽고 있었습니다. 그가 도착하자 돈 일린은 그를 따뜻하게 맞이했지만 식사를 하기 전까지는 그가 온 이유를 말하지 말자고 했습니다.

돈 일린은 대리 주교에게 편안한 숙소와 필요한 모든 것을 주었고 대리 주교가 온 것이 기쁘다고 말했습니다. 식사를 마친 후 대리 주교는 돈 일린을 따로 불러 자신이 온 이유를 설명하며 학문을 가르쳐달라고 말했습니다.

돈 일린은 대리 주교가 크게 성공할 수 있지만 높은 지위에 있는 사람들은 원하는 것을 얻게 되면 다른 사람들이 도와준 일을 잘 잊어버린다고 답했습니다. 그래서 돈 일린은 대리 주교가 자신이 원하는 것을 배우게 되면 약속을 지키지 않을까 걱정된다고 말했습니다. 그러나 대리 주교는 자신의 모든 자원과 지위로부터 나오는 그 무엇이든 그가 원하는 대로 사용할 수 있도록 하겠다고 약속하며 안심시켰습니다. 그들은 점심시간부터 저녁시간까지 계속 이야기를 나누었고 결국 학문을 가르쳐 주기로 했습니다.

돈 일린은 그 학문을 배우기 위해서는 외딴곳에 머물러야 한다고 말하며 그날 밤에 그 장소로 데려가겠다고 했습니다. 그는 학장의 손을 잡고 방으로 안내한 후 하녀를 불러 저녁 식사로 메추라기를 요리하도록 명했으나 자신이 요청하기 전까지는 요리를 시작하지 말라고 했습니다. 그런 다음 대리 주교를 불러 정교하게 조각된 돌계단을 따라 내려갔고 다소 먼 거리까지 걸어갔습니다.

그들이 도착한 곳은 편안한 숙소와 연구를 위해 사용할 책들이 가득한 방이었습니다. 자리에 앉자마자 함께 공부를 하던 중 두 명의 남자가 문 앞에 나타났습니다. 그리고 대리 주교에게 그의 삼촌인 주교로부터 온 편지를 전했습니다. 그 편지에는 삼촌이 매우 아프다는 내용이 담겨 있었습니다. 또한 살아 있는 동안 그를 만나려면 당장 와야 한다고 적혀 있었습니다.

대리 주교는 이 소식에 큰 충격을 받았으며 삼촌의 병환에 마음이 아팠습니다. 동시에 시작한 공부를 포기해야 할 수도 있다는 두려움에 사로잡혔습니다. 그러나 그는 시작한 연구를 중단하지 않기로 결심하고 삼촌에게 답장을 써서 보냈습니다.

며칠 후, 다른 사람들이 대리 주교에게 주교가 사망했다는 소식과 함께 편지를 들고 왔습니다. 아울러 성당의 성직자들이 선거에 참여하고 있다는 소식을 전했습니다. 신의 뜻이라면 그가 주교로 선출될 것이라는 내용이었습니다.

일주일 후에 매우 잘 차려입고 훌륭하게 장비를 갖춘 두 명의 시종이 도착했습니다. 그들은 대리 주교에게 다가가 그의 손에 입을 맞추고 그가 주교로 선출되었다는 내용을 담은 편지를 보여 주었습니다.

이 소식을 들은 돈 일린은 축하를 전하며 공석이 된 대리 주교직을 자신의 아들에게 넘겨줄 것을 요청했습니다. 하지만 새로운 주교가 된 그는 대리 주교의 직책을 자기 동생에게 주고 싶어 했습니다. 이에 주교는 돈 알린에게 이 조건 외에 다른 무엇이든 확실히 보답해 준다고 말하며 그의 아들과 함께 산티아고로 가자고 했습니다. 돈 일린은 이에 동의하고 그들은 떠났습니다.

 그들이 산티아고에 도착했을 때 많은 환영을 받았습니다. 그곳에 머무른 지 얼마 지나지 않아 교황의 사절들이 주교에게 와서 그를 톨로사의 대주교로 임명한다는 소식을 전했습니다. 대주교가 되면 주교직을 원하는 누구에게나 권한을 맡길 수 있었습니다.

 돈 일린은 이 소식을 듣자마자 이전에 있었던 일을 언급하며 이번에는 주교직을 자신의 아들에게 맡겨달라고 요청했습니다. 하지만 대주교는 그 직책을 자기 아버지의 형제 중 한 명에게 맡기려 한다고 말했습니다. 돈 일린은 자신에게 큰 부당함이 있음을 깨달았지만 훗날 보상하겠다는 조건을 걸기에 마지못해 동의했습니다. 대주교는 그에게 충실히 약속을 지키겠다고 맹세하며 그로부터 학문을 계속 전수했습니다.

 그들이 톨로사에 도착했을 때에도 그곳의 백작과 귀족들은 환영했습니다. 그곳에서 2년을 보낸 후, 교황의 사절들이 도착하여 대주교가 추기경으로 임명되었으며 그가 원한다면 톨로사의 대주교직을 누구에게든 넘길 수 있다고 했습니다. 돈 일린은 추기경에게 그동안 약속을 지키지 않은 것들을 상기시키며 이제는 자신의 아들에게 그 직책을 맡기지 않을 이유가 없다고 말했습니다.

 하지만 추기경은 그 직책을 자신의 나이 많은 외삼촌에게 맡겨버렸습니다. 그는 추기경이 되었으니 함께 교황청으로 가자고 했습니다. 그리고 그곳에서 무엇이든 해 볼 수 있는 기회가 많을 것이라고 말했습니다. 돈 일린은 이에 크게 불평했지만 결국 추기경의 제안을 받아들여 함께 교황청으로 갔습니다.

 그들이 교황청에 도착했을 때 그곳의 추기경들과 다른 사람들로부터 매우 환대받으며 오랜 시간을 보냈습니다. 그리고 매일 돈 일린은 추기경에게 자신의 아들을 위해 무언가를 해달라고 계속 요청했습니다. 그러던 중 교황이 사망했고 추기경들은 최근에 추기경이 된 그를 새 교황으로 선출했습니다. 돈 일린은 그에게 가서 이제 더 이상 약속을 지키지 않을 변명은 없을 것이라고 말했습니다.

 그러나 교황은 너무 강하게 요구하지 말라고 하며 적절한 기회가 오면 은혜를 갚을 수 것이라 말했습니다. 하지만 돈 일린은 모든 학문을 전수해 온 오랜 기간, 그가 했던 수많은 약속들을 상기시켰습니다. 처음 이야기했을 때 이미 이런 일이 벌어질까 두려웠는데 이제 최고 자리에 올랐음에도 약속을 지키지 않는다면 더 이상 어떤 것도 기대할 수 없다고 말했습니다.

 교황은 그를 괴롭히기 시작했습니다. 돈 일린이 계속 불평을 한다면 그를 이단자로 몰아 감옥에 가두겠다고 위협까지 했습니다. 이에 돈 일린은 뒤도 보지 않고 작별을 고했고 교황은 떠나는 사람에게 여행에 필요한 식량조차 주지 않았습니다.

 돈 일린은 교황에게 먹을 것이 없으니 그들이 처음 만난 날 저녁으로 준비했던 메추라기를 먹고 떠나겠다고 말했습니다. 그리고 하녀에게 메추라기 요리를 만들라고 명했습니다.

 이 말을 듣자마자 교황은 갑자기 처음 톨레도에 주술을 공부하러 왔을 때의 대리 주교로 돌아가 있었습니다. 이 순간, 그가 느낀 수치심은 너무 커서 할 말을 잃고 말았습니다. 돈 일린은 그가 어떤 사람인지 제대로 알게 됐으니 바로 떠나겠다고 말했습니다. 만약 대리 주교와 이 메추라기를 나눠 먹는다면 그것은 낭비일 것이므로 나눌 생각이 없다는 말을 덧붙이고 식사를 마치고는 아들과 함께 주교를 영원히 떠났습니다.

 루카노르 백작님께서도 지금까지 그 사람을 계속 도와주었습니다. 하지만 그가 감사하지 않고 있다면 위험을 감수하면서까지 많은 일을 해 주지 마십시오. 여기서 멈추지 않으면 돈 일린이 대리주교에게 받은 보답과 마찬가지의 결과를 맞이하게 될 것입니다.

 루카노르 백작은 이 조언이 좋다고 생각했고 그것을 받아들여 많은 도움을 얻었다.

그리고 돈 후안은 다음의 구절을 썼다.

지금도 은혜를 모르는 자는
훗날 높은 자리에 오르더라도
결코 제대로 보답하지 않을 것이다.
오히려 조롱하거나
모른 척하는 사람이 되는 경우도 많다.
그를 멀리하라.

사과가
반복될 때

어느 날 루카노르 백작이 그의 조언자인 파트로니오에게 말했다.

파트로니오, 매우 영리한 사람들도 있고 덜 영리한 사람들도 있는데 가끔 그들이 내 재산에 피해를 주고 내 사람들을 괴롭히네. 하지만 정작 만나면 그들은 어쩔 수 없었다며 미안해하는 척을 해.. 이런 상황에서 내가 어떻게 대응해야 할지 자네의 의견을 듣고 싶네.

그러자 파트로니오가 말했다.
백작님, 제가 드릴 조언은 한 남자가 메추라기를 잡으려다 겪은 일과 관련이 있습니다.

어떤 남자가 메추라기를 잡기 위해 그물을 쳤습니다. 메추라기들이 그물에 걸리자 그 남자는 그물을 향해 다가갔고 잡힌 메추라기들을 하나씩 죽여 그물에서 꺼냈습니다. 그런데 그가 메추라기를 죽이는 동안 바람이 강하게 불어와 그의 눈에서 눈물이 나기 시작했습니다.

그물 안에 아직 살아 있던 메추라기 하나가 다른 메추라기들에게 말했습니다.
"친구들아 이것 좀 봐! 이 사람이 우리를 죽이면서도 우리를 불쌍히 여겨 눈물을 흘리고 있어!"

하지만 그물을 피해 살아남은 똑똑한 메추라기가 이렇게 대답했습니다.
"아니야. 앞으로도 우리를 죽이려 하면서도 미안한 척하는 자에게는 나와 내 친구들이 잡히지 않게끔 신에게 기도할 거야."

백작님에게 피해를 끼치고는 미안하다고 말하는 사람을 조심하셔야 합니다. 백작님께 친절과 호의를 베푼 적이 있는 자가 실수로 피해를 입혔는데 진심으로 미안해한다면 그 일은 너그럽게 넘기셔도 됩니다. 그의 평소의 태도를 보시고 그 행동이 불가피했으며 진실로 마음 아파한다고 판단되면 눈감아 주십시오. 다만 그 사람이 앞으로는 그렇게 하지 않도록 주의하시기 바랍니다.

그러나 만약 실수하는 일이 자주 있어서 백작님께 화를 입히거나 명예를 훼손해서는 안 됩니다. 백작님에게 다시 해를 끼치려 한다면 백작님의 재산과 명예가 항상 안전하도록 대응하셔야 합니다. 계속 그런 행동을 하는 자가 있다면 멀리 내쳐서 재산과 명예를 지키길 바랍니다.

백작은 파트로니오의 조언이 좋다고 생각해 그대로 행동했고 많은 이익을 얻었다.

돈 후안은 다음과 같은 시를 적었다.

당신을 해칠 의도가 없는 사람으로부터
자신을 지키되 신중해라.
괴로운 척하며 해를 끼치는 자를 만나게 되면 그를 멀리할 궁리를 하라.

복수의 불씨가
붙는다면

 어느 날 루카노르 백작은 그의 조언자인 파트로니오에게 이렇게 말했다.
 나는 매우 강력한 힘을 지닌 원수와 다투고 있네. 그런데 그의 집에서 큰 도움을 받고 있는 신하가 나를 찾아왔지. 그리고 그간 있었던 일을 이야기했네. 어느 날 그 신하가 그 사람에게 심한 모욕을 당하고 그로 인해 큰 상처를 입었다고 하네.

 그 신하가 복수할 방법을 찾으려고 나에게 온 것이지. 그가 내게 유용한 정보를 많이 줄 수 있고 원수에게 가장 큰 피해를 줄 수 있는 방법을 알려 줄 수 있을 것이네. 그로 인해 내게 큰 이익이 될 것이네. 하지만 어떻게 해야 할지 잘 모르겠어. 나는 당신을 신뢰하고 당신의 지혜를 믿으니 이 상황에서 어떻게 해야 할지 조언을 구하고 싶네.

파트로니오가 이 상황에 대해 이야기를 시작했다.

백작님, 먼저 말씀드리자면 그 사람은 당신을 속이기 위해 온 것입니다. 그가 어떤 식으로 당신을 속이려 하는지 알려드리기 위해 까마귀와 부엉이에게 일어났던 일을 말씀드리겠습니다.

까마귀 무리와 부엉이 무리 사이에 큰 다툼이 있었습니다. 그런데 주로 까마귀들이 불만을 더 품고 있었지요. 부엉이는 낮에는 동굴에 숨어 있다가 캄캄한 밤 모든 것을 볼 수 있는 예리한 눈 덕분에 나무에 숨어 있던 까마귀들을 습격해 많은 까마귀를 해치고 죽였습니다. 까마귀들은 큰 피해를 입었고 마치 초상집 같은 분위기였습니다.

그중 매우 지혜로운 까마귀 한 마리가 다른 까마귀들에게 복수할 계책을 내놓았습니다. 그 방법은 이러했습니다. 먼저 까마귀들 중 한 마리를 거의 모든 깃털을 뽑아 날 수 없을 만큼 약하게 만들고 그를 부엉이들에게 보내는 것이었습니다. 그는 '자신이 까마귀 무리에서 따돌림을 당하고 많은 피해를 입었기 때문에 복수를 원한다'고 말하게 했습니다.

스파이 까마귀는 부엉이 무리를 찾아가 자신이 까마귀들과 싸우고 싶지 않지만 너무 큰 피해를 입었기에 복수를 원한다며 부엉이들에게 까마귀에 대한 정보를 주고 그들을 해칠 방법을 알려 주겠다고 했습니다. 부엉이들은 그의 말을 듣고 크게 기뻐하며 그 까마귀를 환영했고 그의 말에 전적으로 믿었습니다.

 하지만 부엉이 무리 중 숱한 고난을 겪은 나이 많은 부엉이 한 마리가 이 까마귀의 속임수를 간파했습니다. 그는 다른 부엉이들에게 그 까마귀가 그들을 속이려는 것이라 말하며 절대 믿어서는 안 된다고 했습니다. 그러나 다른 부엉이들은 그의 말을 듣지 않았습니다. 자신의 말을 믿지 않자 그 나이 많은 부엉이는 까마귀들이 찾지 못할 곳으로 떠나 버렸습니다.

 남은 부엉이들은 여전히 그 까마귀를 신뢰했습니다. 그 까마귀가 다시 날 수 있게 되자 이렇게 말했습니다.
"이제 나는 날 수 있으니 까마귀들이 어디에 있는지 알아보고 그들을 공격할 정보를 갖고 오겠습니다."

 부엉이들은 그의 말을 듣고 크게 기뻐했습니다. 그러나 까마귀가 무리로 돌아가자 기다리던 까마귀들은 곧바로 계획을 실행했습니다. 낮에 날지 않고 모여 있는 부엉이들의 습성과 그 위치를 알게 된 까마귀 덕분에 많은 부엉이를 한꺼번에 죽일 수 있었습니다.

결국 까마귀들은 부엉이들의 습성을 모두 알게 되었고 전쟁에서 승리했습니다. 부엉이 무리는 자신들의 천적이었던 까마귀 한 마리를 신뢰한 대가로 큰 재앙을 겪은 것입니다. 즉, 원수를 믿은 대가로 큰 피해를 입게 된 것이지요.

백작님에게 온 그 사람은 본래부터 백작님의 적입니다. 그러니 절대 그를 곁에 두지 말고 속이거나 해치려는 시도를 막기 위해 거리를 두십시오. 하지만 그가 백작님을 섬기고자 한다면 너무 가까워지지 않도록 하십시오. 백작님의 행동을 방해하거나 비밀을 알지 못하게 하십시오. 그리고 그가 진심으로 백작님의 원수에게 복수하려 하고 다시는 화해할 가능성이 없다면 그때는 어느 정도 신뢰하셔도 됩니다. 그러나 그럼에도 늘 그로 인해 피해를 입지 않도록 신중히 행동하셔야 합니다.

루카노르 백작은 파트로니오의 조언이 좋다고 생각하고 그에 따라 행동하여 많은 이익을 얻었다.

돈 후안은 다음과 같은 구절을 썼다.

과거의 적을 신뢰하지 말라.
과거의 적과 한패였던 자 역시 신뢰하지 말라.
너에게 큰 재앙을 가져올 것이다.

거짓말에 우정이
흔들린다면

어느 날 루카노르 백작은 그의 조언자인 파트로니오에게 이렇게 말했다.

파트로니오, 나는 매우 정직하고 권세 있는 친구가 있네. 지금까지 그는 나에게 늘 좋은 행적만 보여 왔지. 하지만 이제는 나를 예전만큼 좋아하지도 존경하지도 않는다고 하네. 심지어 나를 대적할 방법을 찾고 있다는 말도 들었네. 그래서 나는 매우 혼란스러워.

첫째로, 그가 나를 배신한다면 큰 피해를 입을까 봐 두렵네. 둘째로, 내가 그를 의심한다는 사실이 알려지면 그도 나처럼 스스로를 보호하려 할 것이네. 그러면 우리 사이에 의심이 커지고 결국 다툼이 생길 것이네. 내가 지금 어떻게 해야 할지 조언을 부탁하네.

파트로니오는 백작을 보호하기 위해 '사자와 황소에게 일어난 일'을 들려주었다.

사자와 황소는 아주 친한 친구였습니다. 힘이 센 그들은 다른 동물들을 지배하고 다스렸습니다. 사자는 황소의 도움으로 육식 동물들을 다스렸고 황소는 사자의 도움으로 초식 동물들을 다스렸습니다.

그러나 다른 동물들은 자신들이 사자와 황소의 협력으로 억압받고 있다는 것을 깨달았습니다. 그들의 삶은 노예와 다름없었고 결국 회의를 열어 통제와 고통에서 벗어날 방법을 의논했습니다.

그들은 사자와 황소의 사이가 나빠지면 자신들이 더 이상 괴롭힘을 당하지 않을 것이라고 생각했습니다. 그래서 여우와 양을 찾아가 도움을 청했습니다. 여우는 사자의 조언자였고 양은 황소의 조언자였습니다.

여우와 양은 힘닿는 데까지 돕겠다고 했습니다. 그러나 사실은 조언자의 자리를 버리고 사자와 황소의 사이를 멀어지게 할 계책에 동조한 것이었습니다.

여우는 곰에게 가서 "황소가 사자를 해치려 해"라고 말했고 양은 말에게 가서 "사자가 황소를 해치려 해"라고 말했습니다. 곰은 사자에게 황소를 조심하라고 했고 말은 황소에게 사자를 조심하라고 했습니다.

처음에는 믿지 않았지만 시간이 지나면서 사자와 황소는 점점 서로를 의심하기 시작했습니다. 불신이 커지자 그들은 다시 조언자에게 물었고 여우와 양은 이렇게 말했습니다.

"아마 소문은 근거 없는 일일지도 모릅니다. 하지만 혹시 모르니 대비책을 세워 두는 것이 좋습니다. 그리고 소문을 퍼뜨린 곰과 말의 행동을 유심히 살펴보십시오."

그 말로 인해 의심은 더 커졌습니다. 다른 동물들도 사자와 황소가 서로를 두려워한다는 소문을 퍼뜨렸습니다. 여우와 양은 거짓 조언을 통해 얻게 될 이익에 눈이 멀어 원래의 충성심을 잊어버렸습니다.

사자와 황소는 친구로 지내며 협력할 때만 다른 동물들로부터 존경을 받고 다스릴 수 있었음을 깨닫지 못했습니다. 결국 그들은 서로를 의심해 다투었고 큰 피해를 입었습니다. 싸움은 참담했습니다. 사자는 황소에게 큰 상처를 입혔고 자신도 약해져 다른 동물들을 지배할 수 없게 되었습니다.

그들은 나쁜 조언자들의 속임수를 경계하지 않았고 결국 서로에게 도움이 되었던 우정을 지키지 못해 파멸에 이른 것입니다.

파트로니오는 이렇게 말했다.
백작님, 친구에 대해 의심을 불러일으키는 자들의 말을 조심하십시오. 만약 그 친구가 진실하고 신뢰할 만한 사람이며 단 한 번도 배신한 적이 없다면 다른 사람들이 하는 말을 그대로 믿지 마십시오. 그 친구와 직접 대화해 진실을 확인하십시오. 서로 오해를 풀고 나쁜 의도로 이간질하려는 자들에게 경각심을 주면 더 이상 아무도 감히 백작님을 속이려 하지 못할 것입니다. 그러나 그가 평생을 함께할 진정한 친구가 아니라 필요에 의해 곁에 있는 사람처럼 느껴진다면 의심을 드러내지 마시고 모르게 하십시오. 그가 실수할 때에도 눈감아 주는 것이 좋습니다. 어떤 일이 벌어지기 전에는 반드시 신호가 있으니 미리 대비할 수 있을 것입니다.

그에게 좋은 태도로 대하면 그는 의심 없이 자신의 의무를 다할 것입니다. 또한 백작님이 그의 도움을 필요로 하듯 그 역시 백작님의 도움이 필요하다는 것을 알려 주십시오. 감사의 마음을 표현하고 그의 행동을 의심하지 마십시오. 그러면 그도 백작님을 신뢰할 것이며 두 사람의 우정은 오래 이어질 것입니다. 그렇게 하면 사자와 황소처럼 나쁜 결말을 맞는 일을 피할 수 있을 것입니다.

루카노르 백작은 파트로니오의 조언이 마음에 들어 그에 따라 행동했고 많은 이익을 얻었다.

돈 후안은 다음과 같은 구절을 남겼다.

친구를 욕하는 바로 그 사람을 의심하라.
사악한 거짓말에 속아 친구를 잃지 말라.
그와 직접 이야기하라.
소중한 우정을 잃는 것은 곧 재앙을 초래하는 것이다.

좋은 사람을
알아보는 방법

어느 날 루카노르 백작은 그의 조언자인 파트로니오와 이야기를 나누었다.

파트로니오, 우리 집에는 귀족 가문 출신의 소년들이 많고 약한 가문의 소년들도 있어. 그런데 그들이 나중에 어떤 사람이 될지 걱정이 된다네. 어떤 소년이 나중에 가장 훌륭한 사람이 될지 미리 알 수 있는 방법이 있나?

파트로니오가 대답했다.
백작님께서 묻는 것은 확실히 답하기 어렵습니다. 왜냐하면 미래는 결코 확실하게 알 수 없기 때문이죠. 그럼에도 소년들에게서 나타나는 몇 가지 모습으로 미래를 어느 정도 예측할 수 있긴 합니다.

외부적으로는 그들의 얼굴, 걸음걸이, 몸의 생김새와 같은 것들입니다. 이런 것들은 심장, 골수, 간과 같은 주요 기관의 상태를 보여주는 증거지요. 하지만 이런 징후들이 모두 일치하는 경우는 드뭅니다. 어떤 징후들은 한 방향을 가리키고 다른 징후들은 반대 방향을 가리키기 때문입니다. 따라서 완벽한 확신을 가질 수는 없지만 어떤 외적 징후를 보고 그 사람의 가능성을 일부 짐작해 볼 수 있습니다.

더 뚜렷한 징후는 얼굴, 특히 눈에서 나타납니다. 이것은 거의 틀리지 않지요. 외모가 잘생기거나 못생겼다는 것을 뜻하는 것이 아닙니다. 어떤 사람들은 매력적이거나 잘생겼지만 태도는 그렇지 않죠. 반면, 못생긴 사람들 가운데 훌륭한 자질을 갖춘 사람이 있습니다. 몸의 형태나 신체 부위는 그 사람의 기질을 나타내고 그가 용감할지 또는 민첩할지를 보여 줍니다. 하지만 이런 외부 징후는 단지 징후일 뿐, 그 사람의 실제는 아닙니다. 그렇기에 확실하진 않습니다.

가장 믿을 수 있는 것은 내면적 요소입니다. 내부의 품성이 어떤 식으로 드러나는가를 잘 살펴보십시오. 이를 잘 설명하기 위해, 옛날 한 무어 왕이 후계자를 결정하기 위해 세 아들을 시험한 이야기를 들려드리겠습니다.

 옛날에 한 무어 왕에게 세 명의 아들이 있었습니다. 왕은 어느 아들이 왕위를 이어받을지 결정할 권한이 있었고 나이가 많아지자 나라의 지도자들은 후계자를 말해 달라고 요청했습니다.

 왕은 한 달 내에 답을 주겠다고 말했습니다. 그리고 열흘 정도가 지난 오후였습니다. 왕은 큰아들에게 다음 날 아침 일찍 함께 말을 타러 나가자고 했습니다. 그러나 다음 날 큰아들은 왕이 말한 것만큼 일찍 오지 않았습니다.

 그가 도착하자 왕은 옷을 입으려고 했고 큰아들에게 자신의 옷을 가져다 달라고 말했습니다. 그런데 그 아들은 시종에게 옷을 가져오라고 명령했고 시종은 어떤 옷을 가져와야 할지 물었습니다. 그 아들은 다시 왕에게 어떤 옷을 입을 것인지 물었고 왕은 알후바(아랍인이 입는 소매가 짧고 좁은 외투의 일종)를 입겠다고 말했습니다. 그 아들은 다시 시종에게 왕이 알후바를 입을 것이라고 말했습니다.

 이런 식으로 그는 왕이 필요로 하는 모든 물건을 가져올 때마다 일일이 왕에게 물었고 왕이 다 입을 때까지 그 과정이 반복되었습니다. 왕이 옷을 다 입은 후, 큰아들에게 말을 준비하라고 명령했습니다. 큰아들은 말을 돌보는 사람에게 말을 준비하라고 했고 말을 돌보는 사람은 어떤 말을 준비해야 할지 물었습니다. 큰아들은 다시 왕에게 어떤 말을 원하는지 물었습니다. 그는 안장, 굴레, 칼, 박차 등 말을 타기 위한 모든 준비에 대해 하나씩 물었고 마침내 준비가 끝났습니다.

왕은 큰아들에게 자신이 직접 타고 나가지 않을 것이며 대신 마을을 돌아보고 그가 본 것을 보고하라고 말했습니다. 큰아들은 마을을 한 바퀴 돌며 신하들과 함께 나팔, 심벌즈 등 다른 악기들의 연주를 들으며 다녔고 돌아와 왕에게 본 것을 보고했습니다. 그런데 그가 말한 것은 '악기 소리가 매우 크더라'는 것이었습니다.

며칠 후, 왕은 둘째 아들에게도 같은 방식으로 명령을 내렸고 둘째 아들은 큰아들과 같은 방식으로 행동했습니다.

그리고 며칠 후, 왕은 막내아들을 부르며 아침 일찍 함께 나가자고 했습니다. 그런데 막내는 왕이 일어나기도 전에 일어나 기다리고 있었습니다. 왕이 일어나자 정중하게 인사를 하고 왕에게 어떤 옷을 입고 싶은지 물었습니다. 그리고 모든 준비물을 한 번에 물어

보고 가져왔으며 시종이 왕을 돕지 못하게 하고 자신이 직접 옷을 입혔습니다. 그는 아무에게도 심부름을 시키지 않았고 자기가 그 모든 것을 가지고 왔습니다.

그는 자신이 직접 하는 것을 왕이 좋아할 것이라고 여겼습니다. 그의 행동은 '아버지께 기쁨을 드릴 수 있다면 자신에게도 가장 큰 기쁨이다'라고 말하는 것과 같았습니다. 자신이 할 수 있다면 무엇이든 아버지를 위해 하는 것이 그에게는 당연한 일이었던 것입니다.

왕이 옷을 다 입자 막내는 말 준비를 시키고 왕이 필요한 모든 것을 준비했습니다. 왕은 그에게 마을을 둘러보고 보고하라고 했습니다. 막내는 마을 내부와 외부의 모든 것을 살피고 병사들과 무기, 방어 시설까지 점검했습니다. 그는 모든 것을 면밀히 관찰한 후 늦은 저녁에 왕에게 돌아와 보고했습니다.

왕이 본 것에 대해 묻자 막내는 이렇게 대답했습니다.
"폐하께서 노여워하지 않으신다면 제가 생각한 것을 말씀드리겠습니다."

왕이 그 내용을 듣기 원하자 막내는 이렇게 말했습니다.

"폐하께서는 매우 훌륭한 왕이십니다. 하지만 조금만 더 노력하신다면 전 세계가 폐하의 것이 될 수 있을 것입니다."

왕은 막내 왕자의 질책에 마음이 흡족했습니다. 그렇게 왕위를 계승할 아들로 막내를 지목했습니다. 세 아들 중 누구라도 왕이 될 수 있었지만 세 형제의 행동이 천지차이임을 확인한 왕은 오직 막내아들만이 왕국을 물려받기에 합당하다고 생각하고 후계자로 공표한 것입니다.

백작님도 어떤 소년이 가장 훌륭한 사람이 될지를 알고 싶다면 이와 같은 방법으로 그들의 행동을 관찰하고 판단해 보십시오.

루카노르 백작은 파트로니오의 조언을 가슴에 새겨들었다.

돈 후안도 다음과 같은 구절을 남겼다.

누가 진정 훌륭한 사람인지는
그 어떤 말이 아닌
오직 행동으로 보고 알게 되리라.

참을 수 없는
모욕을 들었다면

어느 날 루카노르 백작이 그의 조언자인 파트로니오에게 말했다.

파트로니오, 내 친척 중 한 명이 형편이 좋지 않은데 다른 사람들에게 갖은 모욕과 간섭을 받으며 살고 있어. 사람들이 그를 속이고 괴롭혀도 가만히 있다고 하더군. 힘을 가진 자들은 그가 뭔가를 잘못해서 헐뜯을 수 있는 구실을 찾고 있어. 내 친척은 이 모욕들을 참는 것을 매우 힘들어하고 있으며 차라리 모든 것을 걸고 싸우는 것이 나을 것이라 생각하고 있네. 나는 그가 최선의 해결책을 찾기를 바라니 어떻게 조언해야 할지 알려 주게나.

백작의 물음에 파트로니오가 말했다.
백작님, 이 상황에서 친척에게 가장 유리한 조언을 하려면 죽은 척했던 여우에게 일어났던 일을 들어보시는 것이 좋겠습니다.

어느 날 밤, 여우 한 마리가 닭이 있는 마당에 들어갔습니다. 그는 닭 사이를 어슬렁거리다가 도망가야 할 때를 놓쳐 이미 날이 밝아 버렸습니다. 사람들이 길거리를 돌아다니고 있었기에 여우는 숨을 곳을 찾아다녔습니다. 도망칠 곳이 없다는 것을 알고는 거리로 나가 죽은 척하며 몸을 뻗어 누웠습니다. 사람들은 여우를 봤지만 죽은 줄 알고 아무런 신경을 쓰지 않았습니다.

어떤 사람이 지나가며 말했습니다.
"여우 이마의 털을 이마에 붙이면 아이들이 마법에 걸리지 않는대."
그러면서 그는 가위로 여우의 이마 털을 잘랐습니다.

또 다른 사람이 와서 여우의 등의 털도 마찬가지라며 잘라 갔습니다. 이런 식으로 여러 사람이 여우의 털을 조금씩 잘라 내어 결국 털이 하나도 없는 상태가 되었습니다.
그러나 여우는 털을 잃는 것이 죽는 것보다 낫다는 걸 알고 있었기 때문에 여전히 죽은 시늉을 하며 꿈쩍도 하지 않았습니다. 그때 또 한 사람이 와서 말했습니다.
"여우의 엄지발톱은 발가락 염증에 좋은 치료제래."
그는 여우의 엄지발톱을 제거했습니다. 그러나 여우는 여전히 움

직이지 않았습니다.

 시간이 지나 또 한 사람이 와서 말했습니다.
"여우의 심장은 심장병에 좋은 약이래."
 그러고는 칼을 꺼내 여우의 심장을 꺼내려 했습니다. 여우는 그 사람이 자신의 심장을 빼내려 한다는 것을 알고 그렇게 되면 자신이 회복할 수 없고 목숨을 잃게 될 것이라 판단했습니다. 그래서 여우는 위험을 무릅쓰고서라도 도망치기로 결심했고 성공적으로 탈출했습니다.

 백작님의 친척에게 이렇게 조언하십시오. 만약 그가 원하거나 바라는 방식으로 행동할 수 없을지라도 큰 해나 손실 없이 견딜 수 있는 일이 있다면 모욕을 무시하고 받아들이는 것이 좋습니다. 자신이 그 모욕을 대수롭지 않게 여기면 그 모욕은 그에게 상처가 되지 않습니다.

 그러나 수치심을 느낀다면 내색하지 않는 게 좋습니다. 수치심이나 모욕을 느끼는 것을 다른 사람이 알게 될 경우 자신에겐 이로울 것이 하나도 없기 때문이지요.

따라서 중요하지 않은 일에는 강하게 반응하지 않는 것이 낫습니다. 그러나 만약 그가 큰 해를 입을 수 있는 상황에 처한다면 그때는 위험을 감수하고 죽음을 무릅쓰고라도 대처하는 것이 좋습니다. 자신의 권리와 명예, 재산을 지키기 위해 싸우다 죽는 것이 수치를 당하며 사는 것보다 낫습니다.

백작은 이 조언이 좋다고 생각하여 행동에 옮겼다.

돈 후안은 다음과 같은 구절을 적었다.

견딜 수 있는 고통은 받아들이되
참을 수 없는 고통은 온 힘을 다해 물리쳐라.

받은 것을
잊는 사람

하루는 루카노르 백작이 파트로니오와 대화를 나누며 이렇게 말했다.

파트로니오, 어떤 사람이 나에게 도움을 자주 요청하고 심지어 내 재산의 일부를 나누어 달라고도 해. 그리고 그에게 도움을 줄 때마다 그는 감사하다고 말하지. 하지만 그의 요구를 바로 들어주지 않으면 화를 낸다네. 마치 내가 해 준 모든 것을 잊어버린 것처럼 보여. 그 사람을 어떻게 대해야 할지 조언해 주게.

백작의 질문에 파트로니오는 답했다.
백작님이 겪고 있는 상황은 세비야의 왕 아벤아벳(King Abenabet)과 그의 아내 라마이키아(Ramayquia)에게 일어났던 일과 비슷합니다.

세비야의 아벤아벳 왕은 라마이키아와 결혼했고 그녀를 세상 그 누구보다 사랑했습니다. 그녀는 아주 훌륭한 아내였고 무슬림 사이에서 그녀에 대한 좋은 이야기가 많이 전해 내려오고 있었습니다. 그러나 그녀에게는 한 가지 나쁜 습관이 있었는데 가끔씩 자신만의 고집을 부리는 것이었습니다.

어느 2월, 코르도바에 눈이 내리자 라마이키아가 그것을 보고 울기 시작했습니다. 왕이 왜 우느냐고 묻자 그녀는 눈을 볼 수 있는 곳에서 살지 못해 슬프다고 했습니다. 그래서 왕은 그녀를 기쁘게 하기 위해 코르도바의 산에 아몬드 나무를 심었습니다. 2월이면 그 나무에 꽃이 피어나고 그 모습은 마치 눈처럼 보였습니다.

또 다른 날, 라마이키아가 강을 내려다보는 방에서 벌거벗은 여자가 강가에서 진흙을 모아 벽돌을 만드는 것을 보고 울기 시작했습니다. 왕이 왜 우느냐고 묻자 그녀는 자신이 그 여자가 하는 일을 해 볼 수 없다는 생각에 슬프다고 말했습니다.

그래서 왕은 그녀를 위해 코르도바의 커다란 저수지를 장미수로 가득 채웠습니다. 물과 진흙 대신 설탕, 계피, 향신료, 머스크, 호박 등 향기로운 재료들로 채우고 짚 대신에는 사탕수수를 넣었습니다. 저수지가 이런 재료들로 가득 차자 왕은 라마이키아에게 신발과 스타킹을 벗고 진흙을 밟아 원하는 만큼 벽돌을 만들라고 했습니다.

또 다른 어느 날 라마이키아는 왕이 자신을 기쁘게 해 준 적이 없다고 말하며 다시 울었습니다. 왕은 그녀를 기쁘게 하려고 많은 노력을 했는데도 그녀가 여전히 만족하지 않자 더 이상 어떻게 해야 할지 몰랐습니다. 그래서 그는 이렇게 말했습니다.
"내가 진흙을 준비한 날마저도 잊었느냐?"

그녀가 자신이 해 준 모든 것을 잊었다 해도 진흙을 준비한 그날은 기억할 거라 믿었습니다.

만약 그 남자가 백작님이 베푼 것들을 잊었다면 백작님이 요구를 들어주지 않을 때 감사하지 않고 오히려 왜 더 내놓지 않느냐고 따지거나 이전만큼 주지 않는다며 화를 낼 수 있습니다.

그에게 너무 많은 것을 베풀다가 백작님께 해가 되지 않도록 조심하셔야 합니다. 또한 누군가가 백작님을 기쁘게 하기 위해 무엇인가를 했다면 그 사람이 백작님이 원하는 모든 것을 해 주지 않았어도 그가 해 준 선행을 결코 잊어서는 안 됩니다.

 루카노르 백작은 이 조언이 훌륭하다고 생각했고 그 조언을 받아들여 많은 이익을 얻었다.

돈 후안은 다음과 같은 구절을 썼다.

은혜를 잊는 자에게는
더 이상의 호의를 베푸는 것이
아무 소용이 없다.
그들은 누군가의 은혜와 자비를 기억할 만큼
선하지 않으며
그것을 마음에 넣어 둘
공간도 부족하기 때문이다.

친구 따라
가시덩굴 들어가기

루카노르 백작이 그의 조언자 파트로니오와 대화를 나누며 말했다.

나에게 친척이자 친구인 사람이 있는데 그가 나에게 어느 한 장소로 가라고 조언해 주었어. 하지만 그곳에 가기가 조금 두렵네. 그는 내가 두려워할 필요가 없다고 하며 그가 죽는 한이 있어도 나에게 해가 되는 일은 없을 것이라고 말했어. 이 문제에 대해 자네의 조언을 듣고 싶네.

백작의 말을 들은 파트로니오는 대답했다.
백작님, 이와 관련해 두 맹인에게 일어났던 일을 들려주겠습니다.

도시에 살던 한 남자가 시력을 잃고 눈이 멀었습니다. 그는 가난하고 어려운 처지에 있었죠. 그때 같은 도시에 살던 또 다른 맹인이 찾아와 근처 마을로 함께 가자고 했습니다. 그곳에서 구걸할 수 있을 것이며 그렇게 생계를 유지할 수 있다고 말했습니다.

그러자 첫 번째 맹인은 길이 위험하고 구덩이와 협곡 같은 위험한 곳이 많아 두렵다고 했습니다. 하지만 두 번째 맹인은 두려워할 필요가 없다며 자신이 안전하게 지켜주겠다고 했습니다. 그는 그 여정에서 좋은 점을 강조하며 확신을 주었고 결국 첫 번째 맹인은 그를 믿고 길을 떠났습니다.

하지만 험하고 위험한 길에 들어섰을 때 앞서 인도하던 맹인이 먼저 넘어져 다리가 부러졌습니다. 두려워하던 첫 번째 맹인도 결국 넘어져 크게 다칠 수밖에 없었습니다.

백작님, 두려울 이유가 있고 길이 위험하다면 친척이나 친구가 지켜 줄 것이라 해도 그 위험 속에 들어가지 마세요. 그가 대신 죽겠다고 해도 그가 죽고 백작님까지 고통을 겪거나 목숨을 잃는다면 아무런 이득이 없습니다.

루카노르 백작은 이 조언을 좋은 것으로 받아들였고 따랐으며 그로 인해 좋은 결과를 얻었다.

돈 후안은 다음과 같은 구절을 썼다.

어떤 상황에서도 내 자신은
내가 지킬 수밖에 없다.
서로 의지할 수 있는 것과
자신을 스스로 책임질 수밖에 없는
인간의 운명은 별개다.
친구가 뭐라고 해도
위험한 길은 피해야 한다.

진짜 친구는
어떻게 찾나요

 루카노르 백작은 그의 조언자 파트로니오와 대화를 나누며 그의 문제를 이야기했다.

 파트로니오, 내 주위엔 많은 친구가 있고 그들은 자기가 다치더라도 나를 도울 것이라고 믿고 있어. 어떤 상황에서도 나를 절대 버리지 않겠다고 말도 해 주었지. 하지만 과연 그들은 진정으로 나를 위해 헌신할까? 이를 어떻게 확인할 수 있겠는가?

 파트로니오가 백작에게 말했다.
 좋은 친구는 세상에서 가장 소중한 존재입니다. 하지만 큰 어려움이나 재난이 닥쳤을 때 예상보다 훨씬 적은 친구만이 남는 법입니다. 백작님께서 진정한 친구를 알고자 하신다면 많은 친구를 가졌다고 자부하던 한 남자와 그의 아들에게 일어난 일을 들어보시기 바랍니다.

 어느 날 한 훌륭한 아버지가 아들에게 '항상 좋은 친구를 많이 사귀어야 한다'라고 말했습니다. 아들은 아버지의 말을 따라 자신이 가진 것을 아낌없이 나누며 친구를 만들었습니다. 친구들은 모두 자신이 진정한 친구라며 필요한 일이 있다면 생명과 재산을 걸고서라도 도와줄 것이라고 약속했습니다.

 어느 날 아버지가 아들에게 친구들을 많이 사귀었는지 물으니 아들은 매우 많은 친구가 있다고 했습니다. 특히 열 명은 어떤 어려움이 닥쳐도 자신을 버리지 않을 것이라고 확신한다고 했습니다. 그러자 아버지는 놀라며 말했습니다.
"나는 평생을 살면서도 진정한 친구 한 명과 반쪽짜리 친구 하나를 사귀었을 뿐인데 네가 이렇게 짧은 시간에 열 명의 친구를 만들었다니 놀랍구나."

 미심쩍어하는 아버지의 말에 아들은 자기 말이 맞다고 주장했습니다. 아버지는 아들이 너무 확신에 차 있는 것을 보고 친구들을 시험해 보자고 제안했습니다.

"돼지를 한 마리 잡아 자루에 넣고 여러 친구의 집에 일일이 찾아가서 자루 안에 시체가 들어 있다고 말해라. 만약 누군가 이 사실을 알게 된다면 너뿐만 아니라 그 비밀을 아는 사람들도 죽음을 피할 수 없다고 이야기하여라. 그들에게 시체를 숨겨 주고 너를 지키기 위해 힘써 달라고 부탁해 보아라."

아들은 아버지의 지시에 따라 친구들을 시험하기 시작했습니다. 각 친구의 집에 찾아가 자신이 저지른 끔찍한 사건을 고백했을 때 친구들은 모두 그를 다른 방법으로는 도울 수 있다고 했습니다. 하지만 자신의 목숨과 재산이 걸린 일은 도울 수 없다고 말했습니다. 또 어떤 친구들은 그가 감옥에 끌려가게 되면 기도해 주겠다고 했습니다. 다른 친구들은 사형 집행 때까지 곁을 지키겠다고 약속했지만 그 이상은 하지 못하겠다고 했습니다.

그렇게 모든 친구들을 시험해 본 후, 아들은 그 어떤 친구에게도 도움을 받지 못하고 집으로 돌아와 아버지에게 그 사실을 말했습니다. 아버지는 아들의 이야기를 듣고 자신의 진정한 친구 한 명과 반쪽짜리 친구를 시험해 보자고 했습니다.

그리하여 아들은 아버지가 말한 아버지의 반쪽짜리 친구의 집을 찾아갔습니다. 아들이 밤에 돼지 시체가 들어 있는 자루를 메고 아버지의 친구의 집에 도착해서 문을 두드리며 말했습니다.

"큰일이 났어요! 제 친구들은 모두 도울 수 없다고 해요. 아버지를 봐서라도 이번 한 번만 저를 도와주시면 안 될까요?"

그러자 아버지의 반쪽짜리 친구는 대답했습니다.

"나는 네 아버지와 가까운 사이는 아니지만 그를 생각해서 이번 일은 도와주겠다."

그는 자루 안에 사람의 시체가 있다고 믿었으며 자루를 자신의 양배추 밭으로 가져가 묻었습니다. 그리고 양배추를 원래대로 되돌려 놓고는 청년에게 일이 잘 해결되기를 바란다며 축복을 빌어 주며 돌려보냈습니다. 청년이 집에 돌아와 아버지에게 이 이야기를 전하자 아버지는 말했습니다.

"내일 사람들이 모인 자리에서 나의 반쪽짜리 친구와 말다툼을 벌여라. 그리고 그 논쟁의 한가운데에서 가능한 힘껏 그의 얼굴을 때리거라."

청년은 아버지의 말대로 했습니다. 친구의 얼굴을 때리자 그 사람은 말했습니다.

"네 행동은 분명 잘못되었지만 걱정하지 마라. 이번 일로 내 양배추 밭을 파헤치지는 않을 것이다."

청년이 이 이야기를 아버지에게 전하자 이번에는 아버지의 진정한 친구를 시험해 보라고 했습니다. 청년이 그 친구의 집에 찾아가 모든 상황을 이야기하고 도움을 청했습니다. 마침 그때 마을에서 살인 사건이 발생했는데 범인이 누구인지 알지 못하는 상황이었습니다. 몇몇 사람들은 청년이 밤에 자루를 들고 가는 것을 보았고 그가 범인이라고 의심했습니다.

결국 청년은 범인으로 몰렸고 재판에서 사형 선고를 받았습니다. 아버지의 진정한 친구는 청년을 구하려고 최선을 다했지만 모든 노력이 헛수고가 되었습니다. 하지만 그는 친구의 아들을 구하지 못한 것에 대해 크게 상심하여 재판관들에게 말했습니다.

"이 청년은 살인을 저지르지 않았습니다. 진짜 범인은 제 아들입니다."

친구의 아들은 하나밖에 없는 외아들이었습니다. 그럼에도 불구하고 자기 아버지의 뜻을 따라 자신이 살인자라고 인정했습니다. 그리하여 그 아들이 대신 처형되었고 청년은 목숨을 구할 수 있었습니다.

루카노르 백작님, 이제 친구를 어떻게 시험해야 하는지 아시겠지요. 친구를 잘못 믿고 큰 위험을 감수하기 전에 먼저 그들이 진정으로 헌신할 준비가 되어 있는지 시험해 보아야 합니다. 대부분의 친구는 좋은 시절에만 함께하려고 하는 친구일 뿐입니다. 막상 어려움에 처하면 태도가 돌변하는 법이지요. 앞서 들려드린 이야기는 영적인 교훈을 담고 있습니다.

사람들은 위기의 순간에 자신을 도와줄 친구가 많다고 믿지만 정작 죽음이 닥치면 누구도 그들을 구할 수 없다는 것입니다. 주변에 있는 사람들에게 도움을 청하지만 그들은 기도하겠다고만 말합니다. 성직자에게 가도 마찬가지입니다. 심지어 가족도 무덤까지 함께하겠다고만 할 뿐 더 이상 돕지 않습니다. 결코 자신의 목숨을 내던지지 않지요.

그러니 백작님, 어떤 친구가 가장 믿을 만한 친구인지 잘 생각해 보십시오. 진정한 친구는 위험과 고난 속에서도 변하지 않는 자들입니다.

백작은 이 교훈을 듣고 매우 만족했다.

돈 후안은 책에 다음과 같은 구절을 남겼다.

진정한 친구는 즐겁고 행복한 시절에
가려지지 않는다.
모든 참된 우정은
가장 어려울 때 드러나며
그 진실을 통해서만 끝까지 지켜나갈 수 있다.

위선적인 사람의
요구

루카노르 백작은 그의 조언자 파트로니오와 다시 대화를 나누었다. 백작이 말했다.

파트로니오, 내게 형이 있다는 것을 자네도 알 것이네. 우리는 같은 부모에게서 태어났지. 형은 나보다 나이가 많기 때문에 아버지처럼 존중하며 그의 말에 복종해야 한다고 느꼈네. 형은 신앙심이 깊으며 신중한 사람으로 평판도 좋지.

하지만 내가 형보다 더 부유하고 영향력이 있다네. 비록 형이 겉으로 드러내지 않더라도 이 점을 질투하고 있다고 확신하네. 그래서 내가 형의 도움이 필요할 때마다 형은 도와주려고 하지 않는다네. 이럴 때마다 나는 당황해서 그러지 말라고 말하게 되네.

반면, 형이 도움이 필요할 때면 나는 모든 것을 잃는 한이 있더라도 목숨과 재산을 걸고서라도 도와야 한다고 생각하네. 이와 같은 상황에서 내가 무엇을 해야 할지 그리고 어떤 선택이 가장 적절한지 조언해 주기를 바라네.

파트로니오는 아랍인과 그의 여동생에게 일어났던 일과 비슷하다면서 그 이야기를 들려주었다.

한 아랍인에게는 겁쟁이인 척하는 여동생이 있었습니다. 그녀는 아랍인들이 사용하는 토기로 물을 마실 때 물이 꿀꿀거리는 소리만 들어도 겁에 질려 기절할 것처럼 보였습니다. 그리고 그녀의 오빠는 튼튼한 체격을 가졌지만 매우 가난했습니다.

사람은 극심한 궁핍 속에서 원치 않는 일도 하게 되는 법입니다. 그는 생계를 유지하기 위해 부끄러운 일을 할 수밖에 없었습니다. 누군가 죽으면 밤에 무덤을 찾아가 수의를 벗기고 함께 묻힌 값진 물건들을 훔쳤습니다. 이렇게 해서 그는 여동생과 가족을 부양했습니다. 여동생은 그의 이런 행위를 알고 있었습니다.

그러던 중 어느 날 매우 부유한 사람이 사망했고 값비싼 옷과 귀중한 물건이 함께 매장되었습니다. 이를 들은 여동생은 오빠에게 그날 밤 자신도 함께 가서 묻힌 물건들을 훔치겠다고 말했습니다. 밤이 되자 두 사람은 무덤으로 가서 시신이 묻힌 관을 열었습니다. 그러나 시신에 둘러진 수의를 벗기려 했을 때 옷을 찢지 않고서는 벗길 수 없었습니다.

 옷을 온전하게 벗기려면 시신의 목을 부러뜨려야 했습니다. 그러자 여동생은 자신의 손으로 과감하게 시신의 목을 부러뜨리고 옷과 함께 다른 귀중한 물건들을 챙겼습니다.

 다음 날, 두 사람이 식사할 때가 되어서 토기에 물을 따르는데 물에서 꿀꿀거리는 소리가 났습니다. 그러자 여동생은 겁에 질린 척하며 거의 기절할 듯한 표정을 지었습니다. 이를 본 오빠는 여동생이 어젯밤에 두려움 없이 시신의 목을 부러뜨리던 것을 떠올리며 이렇게 말했습니다.

 "아하, 토기에서 나는 꿀꿀거리는 소리는 무서워하면서도 죽은 사람의 목을 부러뜨릴 때는 겁내지 않는구나!"

 이 말은 속담이 되어 무슬림들 사이에서 흔히 쓰이는 말이 되었습니다.

 형님께서 백작님이 요청하는 것은 거절하면서도 본인에게 이득이 되는 일에는 백작님의 목숨을 걸라고 요구하는 것은 마치 그 아랍인 여동생과 같습니다. 형님께서는 상냥하게 말하고 친절하게 대하되 백작님에게 해가 되지 않는 범위 내에서만 돕는 것이 좋겠습니다. 백작님에게 해가 될 만한 일은 피하여 손해가 가지 않도록 조심하십시오.

 백작은 이 즈언이 훌륭하다고 생각하고 이를 따르기로 했으며 그 결과 큰 이익을 얻었다.

돈 후안은 이 책에 기록하고 다음과 같은 구절을 남겼다.

위선적인 사람의 요구를 쉽게 따르지 말라.
그는 당신을 위해 어떤 위험도 감수하지 않을 것이다.

칭찬 속
함정을 찾아라!

어느 날 루카노르 백작은 조언자 파트로니오에게 말했다.

친구 하나가 나를 크게 칭찬하며 덕이 많아 존경하고 싶은 사람이라 했네. 그리고 부탁 하나를 했는데 겉으로 보면 내게 이로운 일 같았어.

백작은 파트로니오에게 그 부탁을 설명했다. 겉보기에 유리해 보였지만 파트로니오는 그 속임수를 바로 알아챘다. 파트로니오가 백작에게 말했다.

그 사람은 백작님의 힘과 지위를 실제보다 크게 부풀려 말하고 있습니다. 백작님을 곤란하게 하는 말속임수를 피하려면 까마귀와 여우에게 일어난 이야기를 한 번 들어보시지요.

어느 날 까마귀가 큰 치즈 조각을 문 채 방해받지 않으려 나무 위로 올라갔습니다. 그때 여우가 나무 아래를 지나며 치즈를 물고 있는 까마귀를 보고 훔칠 궁리를 했습니다. 그러곤 이렇게 말했습니다.

"까마귀님, 오래전부터 당신의 고귀함과 품위에 대해 들었습니다. 오랫동안 찾아다녔는데 이제야 뵙게 되었군요. 직접 뵈니 소문보다 훨씬 뛰어나십니다. 아부가 아니고 제가 몇 가지로 증명해 보겠습니다.

모두 알다시피 당신의 깃털, 눈, 부리, 발톱은 모두 검습니다. 사람들은 검은 깃털 때문에 우아하지 않다고 하지만 사실은 그렇지 않습니다. 검고 빛나는 깃털은 세상에서 가장 아름다운 새인 공작의 깃털과 다르지 않습니다.

또한 당신의 눈은 검지만 검은 눈은 시력이 좋다는 뜻입니다. 백조의 눈이 아름답다고 하는 것도 세상에서 가장 짙기 때문이지요. 게다가 당신의 부리와 발톱은 같은 크기의 새들 중 가장 강합니다. 바람이 아무리 세게 불어도 당신은 힘차게 날 수 있습니다. 다른 새들은 당신만큼 날지 못합니다.

그러니 당신이 다른 새들보다 노래를 못할 리 없습니다. 제가 이렇게 뵙게 된 것만으로도 큰 행운인데 만약 노래까지 들을 수 있다면 더없는 행복할 것입니다."

여우의 속셈은 까마귀를 속이는 것이었습니다. 하지만 까마귀는 그 말을 곧이곧대로 믿고 여우가 꾸민 거짓을 알아차리지 못했습니다. 여우의 칭찬을 계속 듣다 보니 까마귀는 자신이 그 모든 찬사를 받을 자격이 있다고 믿었습니다. 여우가 자신을 칭찬하는 것은 치즈를 빼앗기 위한 속임수라고는 생각지도 못했습니다.

결국 칭찬에 취한 까마귀는 노래하려고 부리를 열었고 치즈는 땅으로 떨어졌습니다. 여우는 그 치즈를 집어 얼른 달아났습니다. 까마귀는 자신이 가진 것보다 더 대단하다고 믿다가 속임수를 당한 것입니다.

누군가가 백작님을 속여 실제보다 더 위대하다고 믿게 한다면 그는 백작님을 속이는 것입니다. 반드시 그를 경계하고 조심하셔야 합니다.

파트로니오의 말을 듣고 루카노르 백작은 감명을 받았고 그 조언에 따라 행동하여 이익을 얻었다.

돈 후안은 이 이야기가 훌륭한 교훈을 준다고 생각하여 다음의 구절을 썼다.

네게 없는 미덕을 칭찬하는 자는
네가 가진 것을 빼앗으려는 자다.

말이 아닌
행동으로

루카노르 백작은 자신의 조언자 파트로니오에게 이렇게 말했다.

오늘 여러 사람들과 '세상에서 가장 큰 해를 끼치는 사람은 누구일까?'를 두고 이야기해 보았네. 어떤 이는 '말썽을 일으키는 자', 어떤 이는 '음모를 꾸미는 자', 또 어떤 이는 '불평만 하는 자'라고 했어. 또 어떤 이는 '남을 헐뜯고 거짓말로 꾸며내는 자'가 가장 큰 해를 끼친다고 했네. 하지만 결론이 나지 않았어. 그래서 지혜가 깊은 그대에게 물어보고 싶네. 이 중 어떤 악행이 사람들에게 가장 큰 해악을 끼치는지 알려 주게.

파트로니오는 백작의 이야기를 끝까지 들은 뒤, 지독한 위선자에 대한 이야기를 들려주었다.

백작님, 어느 마을에 아주 선량한 젊은 부부가 있었습니다. 남편과 아내는 아무런 갈등 없이 행복하게 잘 지내고 있었습니다. 두 사람은 전혀 다툼이 없었죠. 그런데 악마는 그 모습이 마음에 들지 않아 부부를 갈라놓으려고 여러 번 시도했지만 번번이 실패했습니다.

어느 날 그 악마가 실망하며 돌아가던 길에 위선적인 한 여자를 만났습니다. 그들은 서로 인사를 나눈 후, 여자는 악마에게 왜 그렇게 슬퍼하는지 물었습니다. 악마는 "착한 부부의 사이를 갈라놓으려 했지만 아무 소용이 없었다"고 말했습니다. 오랫동안 애썼는데도 실패해서 지옥으로 돌아가면 꾸중을 들을 게 뻔하다며 슬퍼했습니다.

그러자 위선적인 여자는 많은 것을 아는 악마임에도 불구하고 아무것도 이루지 못한 것에 놀랐다고 말하며 자신의 조언을 따른다면 그 목적을 이루게 될 것이라고 했습니다. 악마는 만약 그녀의 말대로 해서 부부 사이에 불화를 일으킬 수 있다면 무엇이든 할 수 있다고 했습니다. 그리하여 이 둘은 협력하게 되었습니다.

여자는 부부의 집에 계속 방문하여 젊은 여자와 친분을 쌓았습니다. 과거에 그녀의 어머니에게 큰 도움을 받았으며 그녀에 대한 감사의 마음 때문에 그 어떤 일이라도 도와주고 싶다며 거짓말을 했죠. 젊은 아내는 사악한 여자의 말을 믿고 집에 초대했고 남편과 아내는 그 여자와 오래 살면서 완전히 신뢰하게 되었습니다.

어느 날 여자가 슬픈 얼굴로 젊은 아내에게 다가와 말했습니다.
"방금 전에 들었던 말 때문에 정말 마음이 아파요. 글쎄 남편 분께서 다른 여자를 사랑한다지 뭐예요. 부인의 남편은 당신 외에는 그 어떤 여자에게도 관심을 두지 않았잖아요."

착한 아내는 이 말을 믿지 않았지만 마음이 괴로웠습니다. 그런 부인의 슬퍼하는 모습을 본 여자는 이번엔 남편을 만나기 위해 밖으로 나갔습니다. 사악한 여자는 남편에게 다음과 같이 말했습니다.

"부인께서 저에게 말했습니다. 남편이 자신을 사랑하지 않기 때문에 남편보다 자기를 더 사랑해 주는 남자를 찾겠다고 말입니다."

그리고 남자에게 '이 사실을 부인에게 말하게 되면 부인이 자기를 죽일 것'이라며 부인에게는 아무 말도 하지 말아달라고 부탁했습니다. 남편은 속으로 믿기 어려웠지만 그 말 때문에 괴롭고 슬펐습니다.

비탄에 잠긴 남편을 보고 난 후, 사악한 여자는 이번엔 부인에게 와서 다음과 같이 말했습니다.
"부인, 어떤 불행이 찾아올지는 모르겠지만 분명한 것은 남편 분이 점차 당신에게서 멀어지고 있다는 거예요. 이제 남편 분이 전에 없이 슬프고 화난 얼굴로 집에 오는 것을 보면 알 수 있을 거예요."

이렇게 말하고는 그녀의 남편에게 가서 똑같은 말을 했습니다. 남편이 집에 돌아와서 부인의 슬픈 얼굴을 보자 전과 같이 함께 있는 기쁨을 느낄 수가 없었고 둘은 모두 슬픔에 빠지게 되었습니다.

남편이 밖에 나가자 여자는 부인에게 남편의 나쁜 버릇과 화를 없애는 마법을 알고 있는 마법사를 소개시켜 준다며 슬쩍 떠보았습니다. 부인은 어떤 값을 치르더라도 예전의 남편을 되찾고 싶었고 사악한 여자의 말에 희망을 갖게 됐습니다.

마침내 사악한 여자는 많은 것을 알고 있는 마법사를 만나보았다며 남편의 목덜미 부분의 머리카락 한 줌이 있으면 그의 분노와 화를 없앨 수 있을 뿐 아니라 예전의 행복을 되찾을 수 있을 거라고 했습니다.

그러곤 이번엔 남편에게 가서 부인이 다른 남자와 도망치려고 남편을 죽일 계획을 세웠다고 말했습니다. 그리고 마치 그의 죽음을 걱정해 주는 것처럼 말했습니다.

"남편이 집에 돌아오면 부인이 무릎을 베고 눕게 할 거예요. 그리고 당신이 잠들면 숨겨 둔 칼을 꺼내 목을 벨 거예요."

남편은 이 말을 듣고 경악을 금치 못했습니다. 전에는 그저 걱정하는 정도였지만 이제는 괴로워서 정말 사실인지 확인해야겠다고 생각했습니다. 집에 돌아가자 부인은 반갑게 맞으며 하루 종일 고생했으니 이제 자기 무릎에 눕고 쉬라고 했습니다.

남편은 이 말을 듣고 여자의 말이 사실이라고 믿게 됐습니다. 그러나 아내가 정말 무엇을 할지 확인하기 위해 그녀의 무릎에 머리를 두고 잠든 척했습니다. 아내는 그가 잠든 것이라 생각해 여자가 시킨 대로 면도칼을 꺼내 그의 머리카락을 자르려고 했습니다.

남편은 아내의 손에 든 면도칼이 목 가까이 다가오는 것을 보고 여자의 말이 사실이라고 굳게 믿게 됐고 남편은 아내의 손에서 면도칼을 빼앗아 그녀의 목을 그었습니다.

울음과 비명 소리에 놀란 아내의 부모와 형제들이 급히 달려왔습니다. 그들은 딸의 목이 베인 것을 보고 그녀가 아무 잘못이 없다고 믿었기에 남편도 죽였습니다.

소동이 커지자 남편의 친척들이 달려와 그가 죽은 것을 알았고 그를 죽인 사람들을 모두 공격했습니다. 결국 이 사건은 마을의 많은 주민들까지 서로 죽이고 죽는 큰 비극으로 이어졌습니다.

이 모든 일은 사악한 여자의 거짓말과 속임수 때문이었습니다. 결국 모든 문제가 그 사악한 여자에게서 비롯되었다는 사실이 드러났고 그 여자는 재판을 받고 끔찍한 형벌로 처형되었습니다.

백작님, 사람들에게 가장 큰 해를 끼치는 이는 겉으로는 선하고 성실한 척하지만 실제로는 거짓된 삶을 사는 사람입니다. 그런 사람은 사람들 사이에 다툼을 일으키는 자임을 알아야 합니다.

백작님께 언제나 위선적인 사람을 경계하세요. 그런 자들 대부분은 마음속에 거짓을 깊이 감추고 있습니다. 또 그런 사람들을 실제로 만나게 되면 '그들의 열매로 그들을 알리라'는 가르침을 따르십시오. 이 말은 '그가 한 행동으로 그가 누구인지 알 수 있게 하라'는 뜻입니다.

 분명히 말씀드리건대, 어떤 사람도 마음속의 악한 뜻을 오래 숨길 수는 없습니다. 잠시 동안은 숨길 수 있지만 끝내는 드러나게 됩니다.

 백작은 파트로니오의 말이 진실임을 믿고 그의 충고를 따르기로 결심하며 기도했다.

그리고 돈 후안은 책에 다음과 같이 기록했다.

행동을 보라.
말을 듣고 사람을 믿지 말라.
행동은 그 마음에 있는 것들이
나오는 통로이며
그 행동으로 그 자신의
됨됨이를 버젓이 드러낸다.

사람의 겉모습에 눈을 감으라.
그저, 행동을 보고 판단하라.

cheep cheep cheep cheep cheep cheep cheep cheep cheep cheep

사회 속 '나'를 잃고 싶지 않다

지금 가진 것이
과연 전부일까

어느 날 루카노르 백작은 그의 조언자 파트로니오에게 이렇게 말했다.

파트로니오, 신께서 내게 베푸신 은혜가 너무 커서 다 갚을 수 없다는 것을 알고 있네. 내 재산은 잘 정리되어 있고 명예도 지켜지고 있지. 하지만 때때로 내가 너무 가난하다고 느껴 괴로울 때가 있어.

이에 파트로니오는 대답했다.

백작님, 그럴 때 위로가 될 만한 이야기를 하나 들려드리겠습니다.

옛날에 매우 부유한 두 사내가 있었습니다. 그런데 그중 한 명이 하는 일마다 실패하여 극심한 가난에 빠졌습니다. 결국 아무것도 먹을 것이 없어 굶주리던 그는 쓴맛이 강한 렌틸콩 약간을 구해 먹게 되었습니다. 그는 한때 자신이 얼마나 부유했는지 떠올리며 지금은 초라하게 렌틸콩을 먹고 있다는 사실에 눈물을 흘렸습니다. 그러곤 굶주림을 이기지 못해 콩을 까먹으며 껍질을 뒤로 던졌습니다.

그때 그의 뒤에서 누군가 그 콩 껍질을 주워 먹었습니다. 놀랍게도 그 사람은 예전에 더 큰 부자였던 다른 사내였습니다. 가난해진 사내가 물었습니다.
"자네는 어쩌다 이런 지경에 이른 건가?"
그러자 그는 대답했습니다.
"한때 자네보다 더 부자였던 적이 있지. 하지만 재산을 모두 잃고 이제는 끼니조차 해결하지 못하게 되었다네. 오늘도 먹을 것을 찾아 헤매다가 자네가 버린 콩 껍질을 보고 얼마나 기뻤는지 몰라."

렌틸콩을 먹던 사내는 자신보다 더 불행한 사람이 있다는 사실에 위로를 얻었습니다. 그는 다시 용기를 내어 노력했고 마침내 가난을 이겨내고 부유해져 행복하게 살 수 있었습니다.

파트로니오는 이야기를 마치며 말했다.
백작님, 신은 누구에게나 모든 것을 주시지는 않습니다. 지금 백작님께서는 존경받으며 명예를 지키고 계십니다. 설령 돈이 부족하거나 어려움을 겪는 순간이 와도 낙심하지 마십시오. 더 부유하고 존경받는 사람도 시련을 겪은 적이 있으며 세상에는 언제나 더 가난한 사람이 있다는 사실을 기억하십시오.

 루카노르 백작은 파트로니오의 말에 위안을 얻었고 다시 힘을 내어 노력하며 우울함에서 벗어날 수 있었다.

돈 후안은 다음과 같은 구절을 남겼다.

아무리 가난하다 해도 상관없다.
세상에는 당신보다 더 가난한 사람이 많다.
가난 때문에 낙담하지 말라.
스스로를 탓하지 말라.

부끄러움을
아는 용기

어느 날 루카노르 백작이 파트로니오와 대화를 나누었다.

파트로니오, 너의 지혜는 이 세상 그 누구와도 견줄 수 없어. 그래서 한 가지 묻고 싶네. 사람이 지녀야 할 가장 큰 덕은 무엇일까? 사람이 바르게 살기 위해 필요한 덕목은 많지만 모든 것을 실천하기가 쉽지 않아. 그러니 적어도 한 가지, 꼭 기억하고 실천해야 할 중요한 덕을 알려 주게.

파트로니오가 대답했다.
사람의 본성과 지혜를 진정으로 이해하려면 그가 세상에 어떤 선한 행동을 하는지를 보아야 합니다. 겉으로는 선한 일을 하는 듯 보이지만 사실은 타인의 시선과 평가에만 신경 쓰는 사람들이 많습니다. 반면, 어떤 이들은 오직 세상을 위해 선한 행동을 하며 평판에는 관심을 두지 않습니다. 이들은 세상에서 가장 값진 것을 선택했고 그 가치는 그 누구도 빼앗을 수 없습니다.

 참된 지혜를 가진 사람을 알아내려면 많은 노력이 필요합니다. 말로만 선하고 행동으로 보여 주지 않는 사람이 많기 때문입니다. 반대로 말은 아끼지만 행동은 훌륭한 이들도 있습니다. 또 어떤 이는 말도 잘하고 훌륭한 일을 하지만 의도가 악해서 자신에게만 유익하고 타인에게는 해를 끼칩니다. 이런 사람들은 '손에 칼을 든 미치광이'나 '큰 권력을 가진 악한 왕자'와 다름없습니다.

 그러므로 백작님, 누가 세상 앞에 선한 사람인지, 누가 진정한 지혜를 가진 사람인지, 누가 말과 행동이 일치하는지, 누가 선한 의도를 품고 있는지를 바르게 판단하려면 그들의 행동을 오랜 시간에 걸쳐 살펴야 합니다. 짧은 시간의 판단으로는 부족합니다.
또한 그들이 자신의 일을 개선해 나가는지 아니면 망치고 있는지를 보아야 합니다. 이 두 가지 방법을 통해 말씀드린 모든 것을 분명히 알 수 있습니다.

 그리고 이제 백작님이 궁금해 하신 '사람이 가질 수 있는 가장 훌륭한 덕목은 무엇인가'에 대해 진실을 알려드리기 위해 살라딘과 그의 신하였던 한 기사의 고귀한 아내에게 일어난 일을 말씀드리고자 합니다.

 백작이 무슨 일이 있었는지 묻자 파트로니오가 말했다.
 이슬람 국가의 술탄이자 예루살렘을 되찾은 영웅으로 알려진 '살라딘'은 늘 많은 신하를 거느리고 있었습니다.

 어느 날 그는 한 기사의 집에 머물게 되었습니다. 기사는 위대한 술탄이 집에 찾아온 것을 기쁘게 여기며 할 수 있는 최선을 다해 정성껏 모셨습니다. 그의 아내와 자녀들 역시 극진히 대접했습니다.

 하지만 그 모습을 지켜보던 악마는 늘 기회를 노리고 있었습니다. 악마는 살라딘이 자신의 도리를 잊고 기사의 아내를 사랑하게 만들었고 그렇게 살라딘의 사랑은 점점 커져만 갔습니다.

 결국 살라딘은 이 사랑의 해결책을 알려 줄 조언자를 찾았습니다. 조언자는 기사를 큰 부대의 지휘관으로 임명하고 먼 곳으로 보내라고 했습니다. 남편이 집을 비우면 살라딘의 사랑이 성공할 것이라고 부추긴 것이지요.

술탄은 조언자의 말을 따랐고 기사는 술탄과 가까운 사이가 되었다고 믿으며 기쁘게 길을 떠났습니다. 그 후 살라딘은 그의 집을 찾았습니다. 기사의 아내는 남편에게 은혜를 베푼 술탄이 집에 왔다는 사실을 알고 따뜻하게 맞이했습니다. 집안의 모든 이들은 살라딘을 기쁘게 하기 위해 온 마음을 다했습니다.

식사가 끝나고 방으로 돌아간 살라딘은 부인을 불렀습니다. 부인이 들어오자 그는 사랑을 고백했습니다. 부인은 그 말을 듣자마자 뜻을 알아차렸지만 모르는 척하며 말했습니다.
"주군은 저와 제 남편에게 큰 은혜를 베푸신 분이시죠. 언제나 좋은 삶과 큰 행복이 있기를 바랍니다."
그러자 살라딘이 말했습니다.
"그 모든 것보다 당신을 사랑합니다."

그러나 부인은 여전히 그의 의도를 모르는 척하며 감사 인사만 전했습니다. 하지만 살라딘은 끊임없이 사랑을 고백했고 이를 들은 부인은 지혜로운 사람이었기에 차분히 대답했습니다.
"주군, 저는 비록 평범한 여자에 불과하지만 사랑은 사람 마음대로 되는 것이 아니라 오히려 사람을 지배한다는 것을 압니다. 주군께서 저를 진심으로 사랑하신다면 그 뜻을 이해합니다. 하지만 또

한 가지 사실을 잘 알고 있습니다. 권력을 가진 남자들이 여자를 좋아할 때는 무슨 일이든 해 주겠다고 약속하지만 결국 마음을 얻고 나면 농락하거나 가볍게 여기는 경우가 많습니다. 한때 사랑했던 여자를 업신여기는 일이 흔히 벌어지지요. 그런 상황에서 여자는 큰 어려움에 빠집니다. 저는 그런 일이 제게도 일어날까 두렵습니다."

살라딘은 그녀를 존중하겠다고 절대 모욕하지 않겠다고 약속했다. 그러나 부인은 자신이 요구하는 한 가지를 들어주기를 바랐습니다. 그리고 나서 그의 뜻을 따르겠다고 말했다.

살라딘이 이에 약속하자 부인은 그의 손과 발에 입을 맞추며 이렇게 말했습니다.
"제가 원하고 바라는 것은 사람의 가장 큰 덕, 모든 덕목의 시작이자 으뜸이 무엇인지 아는 것입니다."

살라딘은 이 말을 듣고 어떻게 대답해야 할지 몰라 당황했습니다. 그는 부인에게 생각할 시간이 필요하다 하자 그녀는 언제라도 답을 찾는다면 그의 바람을 들어주겠다고 약속했습니다.

살라딘은 자신의 신하들 사이를 다니며 마치 자신의 이야기가 아닌 것처럼 그 질문을 던졌습니다. 어떤 이는 사람의 최고의 덕목이 '고귀한 영혼'이라고 했고 또 어떤 이는 그것이 저세상에서는 훌륭한 덕목일지 몰라도 이 세상에서는 충분하지 않다고 답했습니다. 또 다른 이들은 최고의 덕목이 '충성심'이라고 했습니다. 그러나 다른 사람들은 충성심이 훌륭한 덕목이기는 하지만 충성스러운 사람이 겁쟁이거나, 인색하거나, 무례할 수도 있으니 충성만으로는 충분하지 않다고 말했습니다.

그들은 이처럼 여러 덕목을 얘기했지만 살라딘이 찾고자 하는 명확한 답을 얻을 수 는 없었습니다.

결국 살라딘은 이곳에서 답을 찾을 수 없다는 것을 깨닫고 두 명의 음유 시인을 데리고 변장을 한 채 자신의 신분을 숨긴 채 바다를 건넜습니다.

그들은 교황청으로 갔고 같은 질문을 했지만 답을 찾지 못했습니다. 그 후 그는 프랑스 왕의 궁정과 여러 왕들의 궁정을 방문했지만 끝내 답을 얻지 못했습니다. 그는 오랫동안 답을 찾아 헤맸고 결국 이 일을 시작한 것을 후회하기까지 했습니다.

그러나 이제는 단순히 부인의 요구 때문이 아니라 시작한 일을 포기하는 것이 더 부끄럽다고 여겼습니다. 두려움이나 어려움 때문에 일을 포기한다면 그것은 용서받을 수 없는 잘못이라 생각했습니다. 그래서 살라딘은 답을 찾는 일을 포기하지 않았습니다.

그러던 어느 날 살라딘은 음유 시인들과 여행하던 중 사냥을 마치고 돌아오는 한 청년을 만났습니다. 그는 기사가 되기 위한 수련 단계에 있는 젊은 남자였으며 사슴을 잡아 돌아오던 길이었습니다. 그의 아버지는 이 나라에서 가장 뛰어난 기사였으나 나이 들어 시력을 잃고 집 밖에 나가지 못하고 있었습니다.

청년은 사냥을 마치고 돌아오던 길에 살라딘 일행을 만나 그들이 누구인지 물었습니다. 살라딘 일행은 자신들이 음유 시인이라고 대답했습니다. 청년은 이 말을 듣고 기뻐하며 말했습니다.
"마침 오늘 사냥이 잘 되었어요! 훌륭한 음유 시인과 함께 저희 집에서 하루 같이 머물러 주시면 완벽한 하루가 될 것 같아요."

그러나 그들은 답을 찾기 위해 오랫동안 헤매고 있었기 때문에 서둘러 돌아가야 한다며 하룻밤 머물 시간이 없다고 말했습니다. 하지만 청년은 계속해서 함께 가자 이야기를 했고 결국 자신들이 찾고 있는 것이 무엇인지 그에게 털어놓았습니다. 그러자 청년은 이렇게 말했습니다.

"만약 우리 아버지께서 그 답을 알지 못하신다면 아무도 그 답을 알 수 없을 거예요."

그는 자신의 아버지가 어떤 사람인지 그들에게 설명했고 그의 말을 들은 살라딘은 매우 기뻐하며 함께 그의 집으로 갔습니다. 집에 도착하자 청년은 사냥이 매우 성공적이었고 음유 시인들까지 집으로 데려와 더욱 기쁘다고 아버지께 말했습니다.

그러면서 아버지께 그들이 찾고 있는 질문에 대해 이야기했으며 아버지가 답을 주지 못한다면 아무도 할 수 없을 것이라고 말했습니다. 그러나 아버지는 이 이야기를 듣고 질문을 하는 이가 단순한 음유 시인이 아님을 직감했습니다. 그리고 저녁 식사 후에 답을 주겠다고 아들에게 말했습니다.

저녁 식사까지 기다리는 시간이 매우 더디게 흘렀습니다. 저녁 식사가 끝나고 음유 시인들이 공연을 마친 후, 아버지가 그들에게 물었습니다.

"이제 들을 준비가 되었으니 질문해 보시오. 그리고 나의 생각을 말해 주겠소."

살라딘이 질문했습니다.
"사람이 지녀야 할 가장 큰 덕은 무엇입니까?"

아버지는 이 질문을 듣자 즉시 그 의미를 정확히 이해했습니다. 또한 이 질문을 통해 자신이 마주한 이가 살라딘임을 알아차렸습니다. 아주 오래 전 살라딘의 집에서 오랫동안 머물렀고 많은 도움을 받았기 때문입니다. 아버지는 이렇게 말했습니다.

"사람이 지녀야 할 가장 큰 덕은 '부끄러움을 아는 마음'입니다. 부끄러움이 있기에 사람은 죽음도 감수하죠. 또한, 부끄러움으로 인해 사람은 아무리 하고 싶은 일이 있어도 올바르지 않은 일은 피하게 되지요. 이렇게 부끄러움 속에서 모든 덕목이 시작되고 끝나는 것이며 부끄러움을 모르는 것이 모든 악행의 이유입니다."

살라딘은 이 답변이 정확하다는 것을 깨닫고 매우 기뻐했습니다. 그는 아버지와 그 아들에게 작별 인사를 나누고 길을 떠났습니다.

그 후, 살라딘은 가능한 한 빨리 고국으로 돌아갔고 자신의 나라로 돌아오자 사람들은 그의 귀환을 축하했습니다. 축하 행사가 끝난 후 살라딘은 질문을 던졌던 부인의 집을 찾아갔습니다. 부인은 살라딘이 도착했다는 소식을 듣자 그를 따뜻하게 맞이하며 예의를 다했습니다.

식사를 마친 후, 살라딘은 방으로 돌아가 부인을 불렀고 살라딘은 질문에 대한 답을 찾기 위해 얼마나 많이 노력하고 고생했는지 그리고 마침내 답을 찾았음을 그녀에게 말했습니다.

그는 약속을 지킬 준비가 되었으니 부인도 약속을 지켜야 한다고 했습니다. 그러자 부인은 그에게 그 질문에 대한 답을 알려 달라고 부탁하며 그 답이 정말 맞다면 기꺼이 약속을 지키겠다고 말했습니다.

살라딘은 그녀의 말을 듣고 자신이 찾은 답을 말했습니다. '사람이 가질 수 있는 가장 훌륭한 덕목은 부끄러움을 아는 것'이라고 말입니다. 부인은 이 답변을 듣고 기뻐하며 말했습니다.
"그 대답이 맞습니다. 그리고 약속을 지켜 주셔서 감사합니다. 이제 한 가지 더 여쭙겠습니다. 훌륭한 왕은 항상 진실을 말해야 합니다. 이 세상에서 당신보다 더 나은 사람이 있다고 생각하십니까?"

살라딘은 왕으로서 진실을 말해야 했기에 비록 부끄러웠지만 이렇게 대답했습니다.

"나는 이 세상에서 나보다 더 나은 사람은 없다고 생각합니다. 나는 세상에서 가장 훌륭한 사람이라 믿고 있습니다."

그러자 부인은 그의 발치에 엎드려 눈물을 흘리며 말했습니다.
"주군이시여, 당신께서는 두 가지 진리를 말씀하셨습니다. 첫째는, 당신이 이 세상에서 가장 훌륭한 사람이라는 것이고 둘째는, '부끄러움을 아는 것이 사람이 가질 수 있는 가장 훌륭한 덕목'이라는 것입니다. 주군이시여, 이제 이 두 가지를 알고 계시니 이 세상에서 가장 훌륭한 사람으로서 최고의 덕목인 부끄러움을 아는 일에 실천해 주십시오. 그리고 저에게 요구하신 일에 대해 부끄러움을 느껴 주십시오."

살라딘은 부인의 말을 모두 듣고 그녀가 훌륭한 행동과 지혜로 자신을 큰 죄에서 벗어나게 했다는 사실을 깨달았습니다. 비록 이전에 그녀를 누구보다도 사랑했지만 이제는 그녀를 순수한 마음으로 사랑하게 된 것입니다. 그것은 훌륭하고 충성스러운 통치자가 백성 모두에게 품어야 할 진정한 사랑의 형태였습니다.

 살라딘은 그녀의 남편을 불러 그에게 큰 영예와 혜택을 주었습니다. 그와 그의 가족뿐만 아니라 주변 이웃들까지도 그 덕을 입어 모두가 가장 행복한 사람들이 되었습니다. 이 모든 선행은 그 부인의 덕행 덕분이었습니다. 그녀가 살라딘으로 하여금 사람의 가장 뛰어난 덕목이 '부끄러움을 아는 것'이라는 사실을 깨닫게 했기 때문입니다.

 백작님께서 사람의 가장 훌륭한 덕목이 무엇인지 물으셨으니 그것이 바로 '부끄러움을 아는 것'이라고 말씀드리겠습니다. 부끄러움은 사람을 강하게 하고 너그럽고 충성스럽게 하며 품위 있고 좋은 습관을 가지게 만듭니다. 그리고 사람으로 하여금 노력하게 하며 성실함과 좋은 습관으로 선행을 하도록 만들어 줍니다.

 사람은 어떤 일을 하고자 하는 의지보다 부끄러움 때문에 더 많은 선행을 하게 되며 반대로 부끄러움 때문에 원래 하고 싶었던 부당한 행동을 멈추게 됩니다. 그러므로 사람이 마땅히 해야 할 일을 하지 않았을 때 느끼는 부끄러움, 하지 말아야 할 일을 했을 때의 부끄러움은 얼마나 좋은 것이며 필요한 것입니까!

반대로 부끄러움을 잃는 것은 얼마나 사악하고 해로우며 추한 일입니까! 사람이 은밀한 죄를 저지르고도 부끄러워하지 않는다면 그는 크게 잘못하는 것입니다. 아무리 비밀스러운 일이라도 결국 언젠가 드러나기 마련이죠. 어떤 행위를 저지른 순간에는 부끄러움이 없을지 몰라도 그것이 알려지면 반드시 부끄러움이 따르게 됩니다.

비록 자신이 부끄럽게 느껴지지 않더라도 자신이 저지른 일에 부끄러워해야만 합니다. 자신의 행위가 얼마나 덕이 없는지 깨달아야 합니다. 만약 누군가 자신의 행동을 목격했다면 부끄러움 때문에 그 행동을 멈추었을 것이라는 사실을 생각해 보아야 합니다.

이제, 제가 백작님께서 물으신 질문에 답을 드렸습니다. 백작님께서 여기에 오래 계셨으니 아마도 동행한 이들 중에서는 짜증을 내는 이들도 있을 것이에요. 특히, 유익한 것을 배우거나 듣고자 하지 않는 이들이 그렇습니다. 그들은 금을 잔뜩 실은 짐승과 같습니다. 무거운 짐만 지고 고통받으며 정작 금의 가치는 누리지 못하지요. 그들은 좋은 말과 유익한 가르침을 듣고도 짜증을 내며 그 내용을 제대로 활용하지 않습니다. 반면에 백작님은 지혜로운 선택을 하고자 진실로 궁금해 했기 때문에 지금까지 제가 드린 답변이 충분히 의미가 있었을 것입니다.

돈 후안은 이 이야기를 책에 기록하며 다음과 같은 구절을 남겼다.

부끄러움을 아는 사람이 돼라.
부끄러움을 부끄럽게 여길 줄 아는 사람이 돼라.
부끄러움은 악을 물리치고
옳은 길을 쉽게 걸을 수 있도록 만든다.

거짓은 결국
밝혀진다

어느 날 루카노르 백작은 그의 조언자인 파트로니오에게 이렇게 말했다.

파트로니오, 지금 아주 곤란한 상황을 겪고 있어. 나를 싫어하는 사람들과 심하게 다투고 있거든. 이들은 다투는 것을 즐기면서 정직하지도 않아. 나뿐 아니라 거래하는 모든 사람들에게 거짓말을 하고 있지. 그 거짓말은 교묘해서 자기들에게 큰 이익이 되고 결국 나는 큰 피해를 보고 있네.

이렇게 해서 그들은 점점 더 힘을 얻고 사람들은 오히려 나에게 화를 내게 되지. 사실 나도 그들처럼 거짓말을 잘할 수 있겠지만 거짓은 옳지 않다고 믿네. 이제 자네가 가진 지혜를 바탕으로 내가 이런 사람들에게 어떻게 행동해야 할지 조언을 구하고 싶어.

백작의 질문에 파트로니오가 대답했다.

백작님, 가장 옳은 길을 원하신다면 진실과 거짓에게 일어났던 이 이야기를 들어보시는 게 좋겠습니다.

진실과 거짓은 동료였고 그들은 함께 한 시간이 제법 되었습니다. 어느 날 성급한 성격의 거짓이 진실에게 말했습니다.

"날씨가 무더우니 우리 그늘을 만들고 과일을 딸 수 있는 나무를 심자."

진실은 솔직하고 성실했으므로 그 말에 동의했습니다. 그리하여 나무를 심었고 나무가 자라기 시작했습니다.

거짓이 진실에게 말했습니다.

"우리 각자 이 나무에서 자기 몫을 선택하자!"

거짓은 그럴듯한 이유를 내세워 설명했습니다.

"뿌리는 나무가 자라는 데 꼭 필요한 부분이잖아. 가장 중요한 자리라고 할 수 있지. 그러니 너는 땅속에 있는 뿌리를 가지고 나는 지상에서 자라는 작은 가지들을 가질게. 물론, 이 가지들은 사람들이 잘라 내거나 동물들이 갉아 먹거나 새들이 부리와 발톱으로 다치게 할 수도 있고 큰 더위나 추위에 시달릴 위험이 있어. 하지만 뿌리는 그런 위험을 겪지 않아."

진실은 순진했고 쉽게 믿었습니다. 진실은 거짓이 자신을 돕는다고 착각해 뿌리를 선택했고 스스로 만족했습니다. 거짓은 자기 동료를 속였다는 사실에 기뻐하며 진실에게 거짓말을 한 것을 자랑스러워했습니다.

그리하여 진실은 뿌리와 함께 지하에서 살게 되었고 거짓은 사람들이 사는 지상에 머물렀습니다. 아첨을 잘한 거짓은 금세 사람들의 환심을 샀습니다.

나무는 점점 자라나고 커다란 가지와 넓은 잎사귀를 내며 아름다운 그늘을 만들었습니다. 나무에는 고운 빛깔의 꽃들이 피어났고 사람들은 그 나무 아래 모여 그늘을 즐기며 꽃을 감상했습니다.

대부분의 사람들이 그곳에 있었고 심지어 그곳에 없는 사람들도 서로에게 이렇게 말하곤 했습니다.
"마음 편히 쉬고 싶다면 거짓의 나무 그늘로 가야 해."

사람들이 그 나무 아래로 모였을 때 거짓은 영리했기 때문에 사람들에게 친절한 행동을 많이 했고 자신이 아는 것을 그들에게 가르쳤습니다. 사람들은 거짓이 가르치는 요령을 배우는 걸 좋아했습니다.

 이렇게 해서 거짓은 대부분의 세상 사람들을 끌어들였습니다. 그는 어떤 이들에게는 단순한 거짓말을, 어떤 이들에게는 더 교묘한 거짓말을, 똑똑한 이들에게는 더 복잡한 거짓말을 가르쳤습니다.

 단순한 거짓말은 누군가 "내가 널 위해 이런저런 일을 할 게"라고 말하지만 정작 그럴 생각은 없는 경우를 말합니다. 그 위에 맹세까지 더하면 거짓말은 두 배로 힘을 얻게 되죠.

 하지만 사람들이 자신을 위해 무언가를 해 준 뒤, 약속을 지켜야 할 때가 되면 비로소 모든 게 속임수였음이 드러납니다. 가장 위험한 삼중 거짓말은 진실인 듯 꾸며서 속이고 남을 속이는 것입니다.

 거짓은 이 삼중 거짓말에 능숙했고 나무 그늘에 모여든 사람들에게 이 기술을 잘 가르쳤습니다. 그 덕분에 사람들은 원하는 일 대부분을 그 기술로 이루게 되었습니다. 게다가 그 기술을 배운 사람은 누구나 자기 욕심을 채우는 데 그것을 사용했습니다.

 어떤 사람은 나무의 아름다움을 위해 이 기술을 사용했고 또 다른 사람은 원하는 것을 얻기 위해 거짓이 가르쳐 준 뛰어난 기술을 사용했습니다. 사람들은 그늘을 즐기며 거짓의 가르침을 배우고 싶어 안달이 났고 거짓은 사람들의 존경과 인정을 받으며 많은 추종자를 얻었습니다.

거짓이 사람들의 사랑을 받을 동안, 불쌍한 진실은 땅속에 있어 아무도 알아봐 주지 않고 찾으려 하지도 않았습니다.

거짓의 나무는 굵은 가지와 넓은 잎, 아름다운 꽃으로 좋은 그늘을 드리웠습니다. 하지만 열매가 맺히기도 전에 뿌리가 잘려 나가고 말았습니다. 진실이 살아남으려 뿌리를 먹어 버렸기 때문입니다.

거짓이 그늘 아래에서 사람들에게 기술을 가르치고 있을 때 바람이 불어 나무가 세차게 흔들렸습니다. 뿌리가 약해진 나무는 곧 뽑혀 쓰러졌고 그대로 거짓 위로 덮쳤습니다.

거짓의 기술을 배우던 사람들 대부분은 죽거나 크게 다쳤고 그때 쓰러진 나무로 생긴 구멍에서 숨어 있던 진실이 드러났습니다.

진실이 지상으로 나오자 거짓과 그를 따르던 사람들은 불행에 빠졌습니다. 그들이 배운 거짓의 기술은 아무 소용이 없었고 쓴 만큼 더 큰 고통을 안겨 주었습니다.

백작님, 거짓은 큰 가지를 많이 가지고 있으며 거짓의 말과 아첨은 사람들을 즐겁게 해 줍니다. 하지만 겉으로는 매력적으로 보이더라도 결코 좋은 열매를 맺지 못하죠.

그러므로 백작님의 적들이 거짓과 속임수를 사용한다면 최선의 방법으로 그들로부터 자신을 지키십시오. 그들의 그럴듯한 태도를 부러워할 필요도 없습니다. 그들은 거짓말을 하기 때문에 그 상태가 오래 지속되지 않을 것이며 결국은 나쁜 결말을 맞게 될 것입니다.

모든 것이 허사가 될 뿐입니다. 그들이 아무리 유리해 보여도 결국은 거짓 나무 그늘 아래 있던 사람들과 다르지 않습니다. 거짓 나무에 의지했던 사람들이 망했던 것처럼 그들도 실패할 것입니다.

진실이 지금은 인정받지 못하더라도 손을 내밀고 높이 평가해야 합니다. 그러면 백작님은 좋은 결과를 얻고 많은 재물과 명예를 가지며 다음 세상에서 영혼의 구원도 얻게 될 것입니다.

백작은 파트로니오의 조언을 기쁘게 받아들였고 따랐으며 그 결과는 매우 좋았다.

돈 후안은 다음과 같은 구절을 적었다.

거짓은 화려하다.
웃고 떠들며 마시고
모두를 끌어들여 파티를 연다.
그러나 진실은 나무 뿌리처럼
땅속에서 드러난다.
드러나야 할 그때
가려짐 없이 그대로 나타난다.
진실을 따르고 거짓을 피하라.
거짓말쟁이는 결국 모두를 함께 멸망시킨다.

죽음 뒤
결국 남는 것

어느 날 루카노르 백작은 조언자 파트로니오를 불러 이렇게 말했다.

파트로니오, 나는 당신의 판단을 믿네. 만약 자네가 알지 못하거나 조언할 수 없는 문제라면 다른 누구도 조언하지 못할 것이야. 그래서 지금 이야기할 문제에 최고의 조언을 해 주길 바라네.

자네도 알다시피 나는 이제 젊지 않아. 하지만 어린 시절부터 전쟁에 뛰어들어 많은 위험을 겪었지. 때로는 기독교인들과, 때로는 무어인(이슬람을 믿는 북아프리카와 아라비아 사람들)과 싸웠네. 또 우리 영토를 다스리거나 인접한 나라의 왕들과도 전쟁을 했지. 기독교인들과의 전쟁은 늘 피하려 했으나 부득이하게 싸움이 벌어지면 많은 이들이 크게 다쳤어.

그리고 나를 포함해 누구도 자신이 언제 죽을지 알 수 없지 않은가. 내 나이를 생각해 보면 오래 살 수 없다는 것도 분명하네. 신께서 나를 심판하실 텐데 그 심판은 피할 수 없고 내가 한 선과 악에 따라 결정될 것을 알고 있네. 만약 내가 지은 죄로 올바른 심판을 받는다면 나는 지옥에서 영원한 고통을 피할 수 없을 것이고 세상 무엇으로도 구원받을 수 없을 거야.

그러나 천국에 들어갈 자격이 된다면 그 기쁨과 영광에 견줄 것은 세상에 없을 것이네. 나의 구원이나 저주가 오로지 내가 한 행동에 달려 있으니 저지른 죄를 어떻게 속죄해야 할지 내게 알맞은 방법으로 조언해 주게.

파트로니오가 대답했다.
백작님 말씀을 들으니 기분이 좋습니다. 특히 신분에 맞게 조언을 구하셨기에 더욱 그렇습니다. 만약 다른 방식으로 말씀하셨다면 저는 백작님이 저를 시험하신다고 생각했을 겁니다. 마치 며칠 전에 들려드린 '왕이 충신을 시험한 이야기'처럼 말입니다.

백작님께서 신 앞에 죄를 속죄하려 하시면서도 지위와 명예를 지키려는 것을 알게 되어 기쁩니다. 만약 지위를 버리고 수도원에 들어가거나 세속을 떠난다면 두 가지를 피할 수 없습니다.

첫째, 사람들은 백작님을 오해할 것입니다. 용기가 없어서 혹은 더 이상 훌륭한 이들과 어울리기 싫어서 그랬다고 말할 것입니다. 둘째, 수도원의 엄격한 생활을 견딜 수 있을지 장담할 수 없습니다. 만약 나중에 수도원을 떠나거나 규율을 지키지 못하면 이는 영혼에 해가 되고 건강과 명예에도 큰 상처가 될 것입니다. 하지만 원하신다면 한 수도자와 영국의 리처드 왕에게 일어난 일을 말씀드리겠습니다.

옛날 한 수도자가 있었습니다. 그는 선한 삶을 살았고 많은 선행을 했으며 신의 은총을 얻기 위해 큰 고통도 견뎠습니다. 그 결과 신은 그에게 천국의 영광을 주겠다고 약속했습니다. 수도자는 깊이 감사드렸으나 동시에 천국에서 자기와 함께할 동반자가 누구일지 물었습니다. 신은 그 물음을 꾸짖으며 천사를 보내 멈추라 하셨으나 수도자가 계속 묻자 마침내 대답하셨습니다.

신은 천사를 보내 수도자가 영국의 리처드 왕과 함께 있을 것이라 했습니다. 그러나 수도자는 기뻐하지 않았습니다. 그는 리처드 왕이 전쟁을 좋아하고 많은 사람을 죽이고 약탈하며 재산을 빼앗았기 때문입니다. 왕의 삶은 자기 삶과 정반대였고 구원받을 가능성은 희박해 보였습니다. 수도자는 그 사실을 받아들이기 어려웠습니다.

그러자 신은 다시 천사를 보내 말씀했습니다. 리처드 왕이 단 한 번의 용감한 행동으로 수도자가 해 온 모든 선행보다 더 크게 영광을 올릴 것이라고 말입니다. 수도자가 놀라 그 일이 어떻게 가능한지 묻자 천사는 이렇게 설명했습니다.

"영국, 프랑스, 나바라의 왕들이 바다 건너 원정을 갔습니다. 항구에 도착했을 때 무어인이 너무 많아 상륙이 어려웠습니다. 프랑스 왕은 영국의 리처드 왕에게 사자를 보내 어떻게 할지 의논하자고 했습니다.

리처드 왕은 이렇게 답했습니다. 자신이 신 앞에서 죄인임을 알고 있으며 많은 악행을 저질렀다고. 하지만 늘 회개할 기회를 바라왔고 지금이 그 기회라고. 만약 지금 죽는다면 떠나기 전에 속죄가 되는 것이고 그 상태로 죽으면 영혼이 신의 은총을 받을 것이라고. 만약 무어인을 이긴다면 신께서 기뻐하실 것이고 일이 잘될 것이라고 말했습니다.

그는 몸과 영혼을 신께 맡기며 십자가를 그렸고 군사들에게 도움을 청했습니다. 그리고 말에 박차를 가해 무어인이 지키는 해변으로 뛰어들었습니다. 왕과 말은 바다 속으로 사라졌습니다. 그러나 자비로운 신께서 '죄인의 죽음을 원하지 않고 회개하여 살기를 바라신다'는 말씀처럼 리처드 왕을 구했습니다. 그를 죽음에서 건지고 영원한 생명을 주었습니다.

왕은 무어인들에게 용맹하게 달려들었고 이를 본 영국 군사들이 모두 뒤따라 바다로 뛰어들었습니다. 프랑스 군사들도 부끄러움을 느껴 모두 무어인들과 맞섰습니다. 무어인들은 죽음을 두려워하지 않고 달려드는 그들을 보고 싸우지 못하고 항구를 버리고 달아났습니다.

이로써 큰 승리를 거두었는데 이는 모두 리처드 왕의 결단 덕분이었습니다."

수도자는 천사의 이야기를 듣고 크게 기뻐했습니다. 리처드 왕이 신을 위해 위대한 일을 했고 신앙을 지키는 데 큰 공을 세웠기에, 신께서 리처드 왕을 자기와 동반자로 삼은 것이 축복임을 알았습니다.

백작님께서 과거의 죄를 속죄하고 싶으시다면 이곳을 떠나기 전에 피해를 준 이들에게 사과하고 용서를 구하며 문제를 바로잡으셔야 합니다. 죄를 뉘우치고 헛된 자만심에 휘둘리지 마십시오. 이미 공익을 위해 많은 일을 했다고 말하는 이들의 말에도 흔들리지 마십시오. 그들이 말하는 '공익'은 단지 자기 세력을 유지하려는 핑계일 뿐입니다.

 백작님은 잘못을 뉘우치며 헛된 명예를 버리고 싶다고 하셨습니다. 그러나 신께서 백작님을 무어인과 싸우는 이 땅에 두셨으니 떠나기 전 이 땅을 지키고 속죄하며 회개하신다면 모든 선행이 인정받을 것입니다. 그러면 모든 것을 내려놓고 남은 삶을 선하게 살 수 있습니다. 이것이야말로 영혼을 구원하면서도 영토와 명예를 지키는 가장 좋은 방법입니다.

 신을 섬기기 때문에 오래 살거나 일찍 죽는 것은 신께 달린 것입니다. 만약 신을 섬기다 죽는다면 순교자가 되는 것이고 살아간다면 기사로서 참된 삶을 사는 것입니다. 그러면 백작님을 비난할 자도 없을 것입니다. 모두가 백작님이 기사로서 의무를 다하고 헛된 자부심을 버리고 하늘의 기사로 살고 있다는 것을 알게 될 것입니다.

저는 영혼을 구원할 방법에 대해 최선을 다해 말씀드렸습니다. 리처드 왕이 바다로 뛰어들어 싸웠던 것처럼 백작님의 행동 또한 큰 결단이 될 것입니다.

루카노르 백작은 파트로니오의 조언에 매우 만족했고 그것을 진심으로 받아들여 실천하기로 했다.

돈 후안은 다음과 같은 시를 남겼다.

진정한 기사라면
용감하게 뛰어내릴지언정
죄수처럼 살지는 않을 것이다.

내 위험 알아차리기

어느 날 루카노르 백작은 조언자 파트로니오에게 이렇게 말했다.

이웃들 중에서 나보다 강한 사람들이 모여서 나를 속이고 큰 해를 끼치려 한다는 말을 들었어. 나는 그 말을 믿지도 않고 두렵지도 않네. 그러나 자네의 지혜를 신뢰하기에 이 일에 대해 조치를 취해야 할지 묻고 싶네.

파트로니오가 대답했다.
백작님, 그렇다면 제비와 다른 새들에게 일어난 이야기를 들려드리겠습니다.

어느 날 제비는 한 남자가 아마씨를 뿌리는 것을 보았습니다. 제비는 그 씨앗이 자라면 사람들이 그것으로 그물을 짜 새들을 잡을 것임을 알았습니다. 그래서 다른 새들을 모아 경고했습니다.

"사람들이 아마씨를 뿌리고 있어. 이 씨앗이 자라면 우리를 잡는 그물이 될 거야. 그러니 싹이 트기 전에 뽑아버려야 해. 지금은 일이 작아 쉽게 해결할 수 있지만 시간이 지나면 감당하기 어려울 거야."

그러나 다른 새들은 그 말을 대수롭지 않게 여겼습니다. 제비가 거듭 경고했으나 새들은 무관심했고 결국 아마는 너무 크게 자라 발톱이나 부리로 뽑을 수 없게 되었습니다. 사태가 걷잡을 수 없이 커지자 그제야 새들은 제비의 말을 따르지 않은 것을 후회했지만 이미 늦었습니다.

제비는 새들이 다가올 위험을 무시하는 것을 보고 사람에게 갔습니다. 그리고 사람의 보호를 받으며 안전하게 살기로 했습니다. 그 덕분에 자신과 후손까지 무사히 지낼 수 있었지만 다른 새들은 매일 그물과 덫에 걸려 고통을 겪었습니다.

백작님께서도 만약 다가올 해로부터 자신을 지키고자 한다면 미리 대비하셔야 합니다. 큰 일이 벌어지기 전에 해결책을 마련하는 것이 옳습니다. 일이 닥친 뒤에야 문제를 깨닫는 것은 어리석은 일이며 이미 늦은 뒤입니다. 현명한 사람은 징조와 움직임을 살펴 위험을 미리 알아채고 그것이 현실이 되지 않도록 대처합니다.

 루카노르 백작은 파트로니오의 조언에 매우 만족했고 그 충고를 따름으로써 이익을 얻었다.

돈 후안은 이 이야기가 훌륭하다고 생각하며 다음과 같은 구절을 썼다.

위험을 미리 알았을 때
행동하는 통찰을 가진 자는
문제를 피할 수 있다.

기회를 가장 먼저 잡는 방법

하루는 루카노르 백작이 조언자 파트로니오와 대화를 나누며 이렇게 말했다.

파트로니오, 나와 친구 한 명이 서로에게 이익이 되는 일을 함께 하려고 해. 하지만 그 친구가 오기 전까지는 일을 시작할 엄두가 나지 않네. 자네의 지혜를 빌려 지금 이 상황에서 어떻게 해야 할지 조언을 부탁하네.

파트로니오는 대답했다.
백작님께서 가장 유리하게 행동하시려면 파리 대성당의 성직자들과 프란체스코 수도사들 사이에서 일어난 일을 들어보시기 바랍니다.

파리 대성당의 성직자들은 자신들이 교회의 중심에 있으니 예배 시간을 먼저 알릴 권리가 있다고 주장했습니다. 반면 수도사들은 자신들이 공부하고 새벽 기도를 드려야 하므로 다른 사람을 기다리지 않고 정해진 시간에 바로 종을 울려야 한다고 주장했죠.

이 문제로 논쟁은 커졌고 소송은 교황청에서 오랫동안 이어졌습니다. 결국 교황은 이 사건을 한 추기경에게 맡기며 해결하라고 명령했습니다. 추기경은 산더미처럼 쌓인 문서를 보고 기겁할 정도였습니다.

문서를 검토한 추기경은 판결은 다른 날 내리기로 하고 먼저 모든 당사자가 보는 앞에서 그 문서들을 태우라고 했습니다. 그리고 이렇게 말했습니다.
"여러분, 이 소송은 너무 오래 끌었고 모두가 너무 많은 비용과 손해를 입었습니다. 이 일을 더 이상 늦추고 싶지 않으니 이렇게 판결하겠습니다. 먼저 깨어난 자가 종을 울리시오!"
이렇게 사건은 끝났습니다.

백작님, 만약 두 분 모두에게 이익이 되는 일이고 백작님께서 혼자라도 시작할 수 있다면 지체하지 말고 바로 실행하십시오. 잘 해결될 수 있는 일을 미루면 막상 시작하려 할 때 이미 기회를 잃었을 수도 있습니다. 나중에는 상황이 더 이상 맞지 않아 진행할 수 없게 될지도 모릅니다. 그러니 미루지 말고 지금 바로 시작하시기 바랍니다.

 루카노르 백작은 이 조언이 유익하다고 생각했고 그에 따라 행동하여 큰 이익을 얻었다.

돈 후안은 다음과 같은 구절을 썼다.

혼자라도 할 수 있는 일이라면
함께 할 사람을 기다리지 말고
먼저 시작하라.
함께 할 이를 찾으며 시간을 허비하지 마라.
유익한 일이라면 지체하지 말고 실행하라.
기회는 지금 잡아야 한다.
머뭇거리면 놓치게 되리라.

눈덩이 같은
욕심

루카노르 백작이 조언자 파트로니오와 이야기를 나누고 있었다.

파트로니오, 나는 가능한 한 많은 재산을 쌓아야 한다는 조언을 들었네. 그리고 무슨 일이 일어나도 재물이 가장 유용할 거라고 하더군. 이 의견에 대해 어떻게 생각하나?

파트로니오는 이렇게 대답했다.
백작님, 많은 귀족들이 여러 가지 이유로 재산을 모으는 것이 중요하다고 생각할 수 있겠지만 그 과정에서 자신의 능력을 잘못 쓰면서까지 재산을 늘려야 한다고 생각하지 마십시오. 재물을 끌어모으는 데 급급하여 부하를 괴롭히며 나라를 욕되게 해서는 안 됩니다. 그렇게 하면 백성을 위한 의무를 다하지 못하고 명예나 영토를 지키지 못할 수도 있기 때문입니다. 만약 그렇게 된다면 백작님도 볼로냐에서 일어난 롬바르드인의 경우처럼 될 수 있습니다.

 백작이 무슨 일이 있었는지 물었고 파트로니오가 대답했다.
 볼로냐에 한 롬바르드인이 살았는데 그는 엄청난 재산을 모았고 그 돈의 출처에 대해 전혀 신경 쓰지 않았습니다. 오직 가능한 모든 방법을 동원해 돈을 모으는 데만 집중했죠. 그런데 그 롬바르드인이 치명적인 병에 걸려 죽음에 가까워졌을 때 그의 친구 중 한 명이 성 도미니크에게 고해성사를 하라고 조언했습니다. 그는 그 조언을 받아들였고 성 도미니크에게 사람을 보냈습니다.

 하지만 성 도미니크는 악한 사람이 자신이 저지른 죄에 대한 벌을 피하는 것은 신의 뜻이 아니라고 느꼈습니다. 그래서 그는 직접 가지 않고 대신 다른 사제를 보냈습니다. 롬바르드인의 여러 아들은 성 도미니크가 그들의 아버지에게 영혼의 구원을 위해 재산을 기부하라고 할까 봐 매우 걱정했습니다. 그렇게 되면 자신들에게 남겨질 유산이 없을 것이라고 생각했습니다.

 사제가 왔을 때 여러 아들은 아버지가 고열로 땀을 뻘뻘 흘리고 있으니 조금 괜찮아지면 다시 부르겠다고 말했습니다. 얼마 지나지 않아 그 롬바르드인은 말을 할 수 없게 되었고 결국 자신의 영혼을 위해 해야 할 일을 아무것도 하지 못한 채 죽었습니다.

 다음 날 그를 땅에 묻기 위해 사람들이 모였을 때 그들은 성 도미니크에게 그에 대해 설교해 달라고 요청했습니다. 성 도미니크는 설교를 하며 복음의 말씀 가운데 '네 보물이 있는 곳에 네 마음도 있다'는 구절을 인용했습니다. 이 말은 보물이 있는 곳에 사람의 관심과 애정이 기울어진다는 뜻으로 재물이나 소유에 지나치게 얽매이지 말라는 교훈을 담고 있었습니다.

 성 도미니크는 이 말을 한 후 사람들에게 이렇게 말했습니다.
"여러분, 이 복음의 말씀이 진실임을 증명하기 위해 이 사람의 심장을 확인해 보십시오. 그의 심장은 그의 몸이 아니라 그가 돈을 보관했던 상자 안에 있을 겁니다."

 사람들이 그의 몸에서 심장을 찾았지만 찾을 수 없었고 대신 그의 돈이 있던 상자 안에서 심장을 발견했습니다. 그 심장은 벌레로 가득 차 있었고 고약한 악취를 풍기고 있었습니다. 사람들은 이 일이 어떻게 일어날 수 있는가 하고 신에게 경의를 표했습니다.

 그러니 백작님, 재산을 모으는 것이 좋은 일일지라도 두 가지를 조심하십시오. 첫째, 모은 재산이 좋은 출처에서 온 것인지 확인해야 합니다. 즉, 그것을 얻게 된 경위가 정당해야 합니다. 둘째, 재산에 마음을 너무 빼앗겨 자신이 해야 할 일을 소홀히 하지 마십시오. 명예와 의무를 저버리지 말고 올바른 행동으로 참된 재물을 쌓으십시오. 그럼으로써 신의 축복과 더불어 사람들로부터 존경을 받으실 것입니다.

백작은 파트로니오의 충고를 매우 마음에 들어 했고 그에 따라 행동하여 많은 이득을 얻었다.

돈 후안은 다음과 같은 구절을 썼다.

정직하게 부와 명예, 재산을 모으라.
올바른 방법으로
올바르게 나에게 온 그것들을 가지라.
부정하게 얻은 모든 것은
결국 그 주인을 배신할 것이다.

필요하지 않은
조언

어느 날 루카노르 백작은 그의 조언자인 파트로니오에게 이렇게 말했다.

어떤 사람이 내게 와서 큰 이익과 명예를 가져다줄 방법을 안다고 말했네. 그리고 그 일을 시작해야 하니 내 상황을 좀 더 살펴보겠다고 했지. 조사를 마친 후, 그는 내가 돈 한 푼을 투자하면 열 푼을 벌 수 있다고 말했네. 자네의 지혜를 믿으니 이런 상황에서 내가 어떻게 해야 할지 조언해 주게.

파트로니오가 대답했다.

백작님, 예전에 매우 거짓되고 부자가 되고 싶어 안달이 난 한 남자가 있었습니다. 그는 고된 삶을 끝내고 싶어 했지요.

그 남자는 연금술에 깊이 빠져 있던 한 왕이 있다는 것을 알게 되었습니다. 그래서 그는 금화 100개를 갈아 가루로 만든 뒤, 그 가루에 다른 물질을 섞어 100개의 작은 구슬을 만들었습니다. 구슬 하나의 무게는 금화 하나의 무게와 다른 물질의 무게를 합한 것과 같았습니다. 사기꾼은 근사한 옷차림을 하고 그 구슬들을 가지고 왕이 있는 도시로 갔습니다.

그곳에서 그는 한 향료 상인에게 그 구슬들을 팔았습니다. 상인이 용도를 묻자 그는 그것이 여러 가지에 쓰일 수 있으며 특히 연금술에 꼭 필요하다고 했습니다. 그러면서 그것을 '타바르디에(tabardie)'라고 불렀습니다. 상인은 그 말을 믿고 100개를 모두 사버렸습니다.

얼마 지나지 않아 도성 안에는 연금술사가 있다는 소문이 돌았고 그 소문은 왕에게까지 전해졌습니다. 왕은 그를 불러 연금술을 할 줄 아는지 물었습니다. 사기꾼은 처음에는 모른다고 하며 숨기는 척하다가 결국 할 줄 안다고 말했습니다. 다만 왕에게 많은 돈을 걸지 말고 다른 이들에게는 비밀로 하라고 당부했습니다. 그리고 원한다면 직접 보여 주겠다고 했습니다.

왕은 그의 말과 태도를 보고 그를 인품이 훌륭한 사람이라 여겼습니다. 진심으로 사기꾼을 믿었고 속임수가 있을 거라고는 생각하지 않았습니다.

 사기꾼은 몇 가지 재료를 준비하도록 했는데 모두 쉽게 구할 수 있는 것들이었습니다. 그중 하나가 자신이 상인에게 판 타바르디에 구슬이었습니다. 이 재료들은 몇 푼밖에 들지 않았습니다. 그는 왕 앞에서 그 재료를 녹였고 금화 한 푼 정도의 순금이 나왔습니다.

 왕은 단지 몇 푼으로 금을 만들 수 있다는 사실에 크게 기뻐하며 더 만들어 달라고 했습니다. 그러자 사기꾼은 말했습니다.

 "폐하, 제가 아는 것은 여기까지입니다. 이제부터는 폐하께서도 저만큼 잘하실 수 있습니다. 다만 재료 하나라도 빠지면 금을 만들 수 없다는 것을 꼭 기억하십시오."

 그리고 그는 떠났습니다. 왕은 사기꾼 없이도 금을 만들려고 했습니다. 처음에는 두 배로 늘려 금화 두 개를 만들었고 다음에는 네 개를 만들었습니다. 왕은 금을 무한히 만들 수 있다고 믿고 금화 천 개를 만들 재료를 준비하게 했습니다. 그러나 타바르디에가 없어서 금을 만들 수 없었습니다.
 왕은 사기꾼을 다시 불러 타바르디에가 없어 금을 만들 수 없다고 말했습니다. 그러자 사기꾼은 처음부터 타바르디에가 빠지면 금을 만들 수 없다고 말했다 어디서 구할 수 있는지 알려 주었습니다.

그리고 자신이 직접 구해오겠다며 필요한 돈과 경비를 말했습니다. 그 액수는 엄청났습니다. 왕은 그에게 큰돈을 주었고 사기꾼은 그 돈을 가지고 떠났지만 다시는 돌아오지 않았습니다.

결국 왕은 사기꾼에게 속았고 그의 집을 조사했을 때 잠긴 상자 하나만 남아 있었습니다. 상자 안에는 이런 쪽지가 들어 있었습니다.

"타바르디에라는 것은 이 세상에 존재하지 않습니다. 제가 당신을 속인 것입니다. 당신이 부자가 되고 싶다고 했을 때 먼저 내가 부자가 된 것을 확인하고 나서 믿었어야 했습니다."

며칠 후, 사람들은 이 사건을 두고 비웃으며 조롱했습니다. 그들은 자신이 아는 사람들의 이름과 그들의 특성을 적기 시작했습니다. 그 목록에는 '속임수를 쓰는 자들', '부유한 자들', '현명한 자들'의 이름이 있었습니다. 그리고 '잘못된 조언을 받은 사람들'의 이름을 쓸 때 왕의 이름을 넣었습니다.

왕은 그들을 불러 자신의 이름이 적힌 이유를 물었습니다. 그러자 그들은 왕이 보증도 없는 낯선 자에게 많은 돈을 주었기 때문이라고 대답했습니다. 왕은 자신의 실수를 인정하면서도 만약 사기꾼이 돌아온다면 자신은 현명한 사람이 될 것이고 더 이상 비난받지 않을 것이라고 말했습니다. 그들은 사기꾼이 돌아온다면 왕이 아니라 그를 비난하겠다고 했습니다.

그러니 백작님께서도 왕처럼 조심성 없는 사람이 되지 않으려면 불확실한 일에 자원을 투자하지 마십시오. 큰 이익을 기대하다가 결국 손해를 보게 될 것입니다.

백작은 이 조언이 마음에 들었고 그에 따라 행동하여 많은 이익을 얻었다.

돈 후안은 다음과 같은 구절을 썼다.

재산을 얻으려는 자는
부유하지 않은 자의 조언은 듣지 말라.

감춰진 비밀은
함정이다

루카노르 백작은 그의 조언자 파트로니오에게 말했다.

어떤 사람이 나에게 중요한 거래를 제안했어. 그가 나에게 큰 이익을 얻을 거라고 말했지. 하지만 절대로 이 비밀을 말하지 말라고 했네. 아무리 믿고 있는 사람이라도 말이지. 만약 내가 다른 사람에게 이 비밀을 말하면 내 재산은 물론 생명까지도 위험해질 수 있다고 말했다네. 내가 이 문제를 어떻게 처리해야 할지 조언해 주게나.

백작의 자초지종을 들은 파트로니오는 대답했다.
이 상황에서 어떻게 행동하는 것이 좋을지 말씀드리기 위해 무어인 왕과 세 명의 사기꾼에게 일어났던 이야기를 들려드리겠습니다.

세 명의 사기꾼은 자신들이 매우 뛰어난 직물 장인이라고 말하면서 왕에게 접근했습니다. 그들이 짜는 옷감은 매우 특별해 누구의 친자식이 아니라면 그 옷감이 눈에 보이지 않는다고 했습니다.

왕은 이 옷감으로 자식들 중 누가 친아들이 아닌지를 구분할 수 있을 것이라 생각하며 기뻐했습니다. 무어인들 중 친자가 아닌 자들은 아버지로부터 아무것도 상속받을 수 없었기 때문에 왕은 자신의 재산을 지켜낼 수 있다고 믿었던 것입니다.

왕은 그들에게 직물을 짜는 방을 주고 옷이 완성될 때까지 그들을 가두라고 명령했습니다. 사기꾼들은 금, 은, 비단과 재료를 모아 방으로 들어가 자물쇠로 문을 잠갔습니다. 그들은 베틀을 설치하고 직물을 짜고 있는 척하며 모두를 믿게 했습니다.

며칠 뒤, 사기꾼 중 한 명이 왕에게 찾아와 이 직물은 세상에서 가장 놀라운 작품이 될 것이라고 말했습니다. 그는 왕에게 무늬와 바느질이 어떻게 쓰이고 있는지 설명하며 왕이 원하면 볼 수 있지만 다른 사람은 들어올 수 없다고 했습니다.

왕은 먼저 아들 한 명을 보내 시험했습니다. 그러나 아들의 눈에는 아무것도 보이지 않았습니다. 하지만 그는 자신이 친자가 아님이 드러날까 두려워 왕에게 돌아와 직물을 보았다고 거짓말했습니다.

 그 후 왕이 보낸 사람들 모두 똑같이 직물을 보았다고 했습니다. 결국 왕도 방에 들어갔습니다. 장인들은 무늬, 작업, 색깔을 열심히 설명했습니다. 왕은 다른 사람들은 보았다고 했는데 자신만 보지 못하자 두려움에 빠졌습니다. 선대왕의 친아들이 아닐 수 있다는 두려움 때문이었습니다. 그는 왕국을 잃을까 두려워 직물을 칭찬하고 설명을 기억해 두었습니다.

 큰 축제가 다가오자 사람들은 왕이 그 옷을 입고 참석해야 한다고 말했습니다. 장인들은 옷을 가져온 척하며 왕에게 입히는 시늉을 했습니다. 왕은 옷을 입지 않았다는 사실을 말할 용기가 없어 자신이 옷을 입었다고 믿었습니다. 행렬에 나선 왕을 본 백성들이 왕을 보았고 그중 말을 잡고 있던 한 흑인이 왕에게 말했습니다.

 "폐하, 저는 제 아버지의 친아들이든 아니든 그다지 중요하지 않습니다. 그러나 눈이 멀지 않았다면 지금 폐하께서 벌거벗고 계십니다."

왕은 그를 때리며 사생아이기 때문에 직물이 보이지 않는 것이라고 했습니다. 그러나 다른 이가 그의 말을 되풀이했고 곧 모두가 같은 말을 하기 시작했습니다. 마침내 왕국 전체가 그 직물이 보이지 않는다고 외쳤습니다.

왕과 모든 사람들이 진실을 깨달았을 때는 이미 사기꾼들이 왕에게 받은 재물을 챙겨 달아난 뒤였습니다.

백작님, 아무리 신뢰하는 사람일지라도 비밀을 지키라고 강하게 말한다면 그가 백작님을 속이려는 속셈일 수 있습니다. 진심으로 백작님의 평안을 바란다면 가까운 사람들에게도 숨길 필요가 없습니다.

루카노르 백작은 이 조언이 훌륭하다고 생각했고 파트로니오의 말대로 행했으며 결과는 좋았다..

돈 후안은 다음과 같은 구절을 썼다.

가까운 가족이나 친구들에게
비밀로 감추라고 하는 모든 말은
악한 의도를 품고 있는 것이 틀림없다.

나만의
맞춤 업무

루카노르 백작이 조언자 파트로니오에게 말했다.

파트로니오, 나는 사냥을 정말 좋아하네. 새로운 사냥 방법도 많이 찾아냈고 매 사냥에 필요한 올가미와 그물에도 유용한 개선책을 추가했네. 하지만 사람들은 나를 비웃는 것 같아.

그들은 시드 루이 디아스나 페르난 곤잘레스 백작이 얼마나 많은 전투에서 승리했는지를 칭찬하고 성스러운 축복을 받은 페르디난드 왕이 이룬 정복을 칭찬하지. 하지만 내가 만든 올가미와 그물에 대해 말할 때는 진심 어린 존경이 아니라 조롱 섞인 칭찬처럼 들린다네. 나도 그것이 모욕이라는 걸 잘 알고 있어. 어떻게 하면 사람들의 조롱을 멈추고 비웃음을 사라지게 할 수 있겠나?

루카노르 백작의 고민을 들은 파트로니오는 이야기를 들려주었다.
 백작님, 코르도바에 알하켐(Al-Haquem)이라는 왕이 있었습니다. 그는 나라를 잘 다스렸지만 다른 위대한 왕들처럼 큰 업적을 세운 적은 없었습니다. 왕은 먹고 마시며 휴식을 즐기는 데 만족했지요.

 어느 날 왕은 아랍인들이 즐겨 듣는 피리 연주를 감상하다가 소리가 좋지 않다는 걸 깨달았습니다. 그는 피리의 아랫부분에 구멍을 하나 더 뚫어 소리를 예쁘게 만들었죠. 물론 그것은 유익한 일이었지만 왕으로서 해야 할 위대한 일은 아니었습니다. 사람들은 조롱하며 말했습니다.
"이건 마치 알하켐 왕이 피리에 구멍을 뚫은 것 같아."

 그 말은 퍼져나가 왕도 듣게 되었습니다. 왕은 이유를 물었고 사람들은 숨기려 했지만 끝내 진실을 알게 되었지요. 그는 슬펐지만 현명했기에 자신을 조롱한 이들을 꾸짖지 않았습니다. 대신 진정으로 존경받을 만한 일을 하기로 했습니다.

 그는 코르도바의 이슬람 사원, 즉 모스크가 완성되지 않은 것을 보고 그 공사를 끝내기로 결심했습니다. 마침내 훌륭하게 완성시켰고 그것은 지금 스페인에서 가장 크고 완전한 예배 장소 중 하나인 코르도바의 대 모스크(Great Mosque of Córdoba)가 되었습니다.

 사람들은 과거에 그가 피리에 구멍을 뚫었다고 조롱했지만 이제는 모스크를 완성한 공로를 진심으로 좋아했습니다. 더 이상 그를 비웃지 않았고 진정으로 찬탄했습니다.

 백작님, 사람들이 사냥 도구 개선을 비웃는다면 이제는 위대하고 품위 있는 업적을 쌓으십시오. 그러면 사람들이 백작님을 존경하게 될 것입니다.

 백작은 이 조언을 훌륭하다고 생각해 따랐고 그 결과 성공을 거두었다.

돈 후안은 책에 이렇게 기록했다.

자신의 본분에 맞는 선행을 하라.
자신의 책임에 맞는 선행을 하라.
모든 선행은 아름답지만
지위에 걸맞은 위대한 일이 아니라면
더욱 정진하여 큰 선을 이루라.

왜 나는 쉽게
화가 날까

어느 날 백작 루카노르가 파트로니오와 이야기를 나누고 있었다.

내가 너무 치욕스러운 말을 들어 화가 난다네. 사람들 입에 내가 오르내리니 내 명예가 실추되었어. 그래서 나의 명예를 떨어뜨린 한 사람에게 크게 앙갚음을 해야겠네. 자네는 이 행동을 어떻게 생각하나?

파트로니오가 백작이 분노하고 동요하는 것을 보고 말했다.
백작님, 제가 드리고 싶은 말씀이 있습니다. 돈을 주고 지혜를 산 상인이 겪은 이야기를 들어보셨으면 합니다.

어느 마을에 지혜를 파는 일을 하는 위대한 현자가 있었습니다. 한 상인이 그 소문을 듣고 현자에게 찾아가 지혜를 사고 싶다고 했습니다. 현자는 그에게 지혜의 가치에 따라 값을 치러야 한다고 말했습니다. 상인은 작은 돈이지만 1푼어치의 지혜를 구할 수 있냐고 물었습니다. 그러자 현자는 1푼을 받고 말했습니다.

"누군가 당신을 저녁 식사에 초대했을 때 당신이 먹게 될 음식이 무엇인지 모른다면 처음으로 내놓은 음식으로 배를 가득 채우시게."

상인은 현자에게 너무 적은 지혜를 주었다고 말했습니다. 그러자 현자는 적은 금액만 주었으니 당연히 큰 지혜를 얻을 수 없다고 했습니다. 그래서 상인은 2푼어치의 지혜를 달라고 했고 그 값을 치렀습니다. 그러자 현자는 그에게 이렇게 말했습니다.

"당신이 매우 화가 나고 격분하여 분풀이를 하려 할 때 진실을 다 알기 전에는 절대 화를 내거나 속상해하지 마시오."

상인은 이런 식으로 지혜를 계속 사면 자신이 가지고 있는 모든 돈을 낭비할 거라는 생각이 들어서 더는 지혜를 사지 않았습니다. 하지만 지금 얻은 지혜만큼은 마음속 깊이 간직했습니다.

상인은 돈을 벌기 위해 먼 나라로 무역을 하러 떠났고 그의 아내는 임신한 채로 남아 있었습니다. 상인은 오랜 시간 동안 돌아오지 않았고 그동안 아내는 아들을 낳았습니다. 상인의 아들이 스무 살이 될 때까지 시간이 흘렀고 상인의 아내는 남편이 살아 있지 않다고 생각했습니다. 그녀는 아들을 위안으로 삼았으며 남편을 사랑한 나머지 아들을 여보라고 부르며 함께 식사하곤 했습니다.

그러던 어느 날 상인은 모든 무역을 마치고 부자가 되어 고향으로 돌아왔습니다. 상인은 아무에게도 말하지 않고 숨어서 몰래 집 안을 엿보았습니다. 저녁이 되어 그의 아들이 집에 돌아왔고 아내는 아들에게 말했습니다.

"여보, 오늘 어디에 갔다 왔나요?"
 상인은 그 말을 듣고 큰 충격을 받았습니다. 그는 아내가 젊은 남자와 애인 관계거나, 결혼한 것이 틀림없다고 생각했습니다. 상인은 남자가 젊기 때문에 애인 관계라는 쪽에 더 무게를 두었습니다. 그는 젊은 남자를 죽이고 싶은 마음이 가득했지만 그 순간 그가 2푼을 주고 산 '격분하지 말라'는 지혜를 떠올리며 분노를 다스렸습니다.

그날 저녁 두 사람이 함께 저녁을 먹는 모습을 보자 그를 죽이고 싶은 마음이 더욱 강하게 들었습니다. 하지만 '화가 나더라도 진실을 알기 전까지는 참아라'는 지혜 덕분에 다시 분노를 다스릴 수 있었습니다.

밤이 되자 두 사람이 같은 침소에 드는 것을 보고 상인은 더 이상 참을 수 없을 것 같았습니다. 그는 그들을 죽이려 했지만 또다시 2푼어치로 산 지혜를 떠올리며 자신을 진정시켰습니다.

날이 밝기도 전에 아내는 소리 없이 흐느끼기만 하더니 아들에게 눈물을 흘리며 말했습니다.
"남편이자 아들아, 오늘 아버지가 간 나라에서 배가 도착했다고 하구나! 내일 아침 일찍 가서 아버지 소식을 좀 알아봐 주었으면 좋겠다."

상인은 그 말을 듣고 아내가 임신한 상태에서 자신이 떠났던 것을 기억하고 그가 그토록 의심하던 젊은 남자가 자신의 아들임을 깨달았습니다. 그의 기쁨은 말로 다할 수 없었고 자신이 아들을 죽이지 않도록 도와준 현자의 지혜에 크게 감사했습니다. 그는 자신이 2푼을 주고 산 지혜 덕분에 걷잡을 수 없는 분노 속에서 폭력적인 행동을 하지 않은 것이 행운이라고 생각했습니다.

누군가가 백작님에게 불명예스러운 일을 했다고 생각돼도 그 진실을 알기 전까지는 서둘러 행동하지 마십시오. 분풀이를 하면 고통이 줄어들 것 같아도 실상은 그렇지 않습니다. 진실을 알 때까지 기다리면 아무것도 잃지 않겠지만 성급하게 행동하면 후회하게 될 것입니다.

백작은 이 조언이 좋다고 생각하여 그대로 따랐고 결과는 매우 좋았다.

돈 후안은 그것을 책에 다음과 같은 시로 썼다.

누군가 나를 모함하고
나를 비방하는 것을 알게 되었다면
확실한 증거를 찾으라.
그리고 그 진실 여부가 가려지기 전까지
침묵하라.
진실을 알기 전에 화를 내면
격분한 만큼 반드시 후회하게 된다.

cheep cheep cheep cheep cheep cheep cheep cheep cheep

서툰 흔적을 남기는 25살을 위해

내가 바라는
미래를 위해

어느 날 루카노르 백작은 그의 조언자 파트로니오에게 이렇게 말했다.

한 남자가 나에게 세상의 모든 일은 쇠사슬처럼 서로 연결되어 있다고 말하며 그것을 잘 이용할 수 있는 기막힌 계획을 보여 줬어. 그 계획이 성공하면 정말 큰 이익을 얻을 수 있을 것 같네. 만약 그 계획이 잘 풀리면 다른 좋은 일도 잇따라 일어나 크게 잘될 것이네.

백작이 그 계획을 설명하자 파트로니오는 대답했다.
백작님께서 늘 들어왔듯이, 현명한 사람은 확실한 일에 집중하고 허황된 기대나 망상에 빠지지 않는 법입니다. 만약 헛된 생각에 사로잡히면 트루하나라(Truhana)는 여인에게 일어났던 일과 똑같은 일을 겪을 수도 있습니다.

그리고 파트로니오는 이야기를 들려주었다.

옛날에 트루하나라는 가난한 여인이 있었습니다. 어느 날 그녀는 머리에 꿀 항아리를 이고 시장으로 가고 있었습니다. 길을 가며 그녀는 꿀을 팔아 달걀을 사고 그 달걀에서 병아리가 나오면 그것을 팔아 양이나 소를 살 계획이었습니다. 이렇게 계속 돈을 모아 이웃 가운데 가장 큰 부자가 될 것이라고 상상을 했죠.

그러다 자식들의 결혼까지 상상하며 며느리와 사위, 손주들과 함께 거리를 걷는 모습까지 떠올렸습니다. 사람들이 "저 여인은 가난했는데 이렇게 부자가 되다니 운이 좋구나" 하고 말하는 장면도 그려졌습니다.

좋은 상상에 기분이 좋아진 그녀는 웃음을 터뜨렸습니다. 그런데 너무 크게 웃다가 손으로 이마를 치는 바람에 꿀 항아리를 떨어뜨리고 말았습니다. 항아리는 산산조각 났고 트루하나는 모든 것이 물거품이 되었음을 깨닫고 눈물을 흘렸습니다. 허황된 상상에 빠져 헛된 기대만 하다가 결국 아무것도 얻지 못한 것이었습니다.

백작님, 만약 그 남자가 말한 것과 백작님께서 상상하신 일이 모두 이뤄질 거라고 믿으신다면 확실한 일에만 집중하시고 불확실한 기대에 집착하지 마셔야 합니다. 만약 위험을 감수해야 한다면 중요한 일에 따르시고 불확실한 이익을 좇지 않도록 늘 조심하셔야 합니다.

루카노르 백작은 파트로니오의 조언에 만족했고 그 충고를 따르며 이익을 얻었다.

돈 후안은 다음과 같은 구절을 썼다.

하늘을 나는 두 마리 새보다
내 손안의 한 마리 새를 더 소중히 여겨라.
확실한 것에 믿음을 두고
헛된 상상으로 지금의 일을 잃지 마라.
지금의 일에 최선을 다하면
그것이 쌓여 언젠가는 상상이 현실이 되어 나타난다.

자존심을
내려놓는다면

어느 날 루카노르 백작이 그의 조언자인 파트로니오에게 이렇게 말했다.

파트로니오, 어떤 사람이 나에게 매우 기뻐할 만한 일을 해 주겠다고 했어. 그런데 그의 말투가 워낙 성의 없어서 솔직히 내가 이 제안을 받아들이지 않기를 그가 바라는 것처럼 느껴지네. 한편으론 그 제안을 받아들이고 싶지만 그가 그렇게 열의가 없으니 받아들여도 될지 망설여져. 자네의 지혜로운 생각으로 내가 이 상황에서 어떻게 해야 할지 조언해 주게.

파트로니오가 말했다.
백작님께 이익이 될 만한 일을 하려면 어떤 남자가 저녁 초대를 받은 이야기부터 들어보시길 바랍니다.

한때 부유했던 한 선량한 남자가 있었는데 어느 순간 가난해졌습니다. 하지만 그는 음식을 구걸하는 것이 부끄러워 아무에게도 도움을 청하지 않았습니다. 그래서 자주 배가 고파 힘들어했고 어느 날 굶주림으로 힘들어하며 거리를 걷고 있었습니다.

그때 잘 아는 지인의 집 앞을 지나가게 되었고 그 지인은 저녁을 먹고 있었습니다. 지인은 그가 지나가는 것을 보고 반반의 마음으로 그를 저녁 식사에 초대했습니다. 배고픔에 지친 남자는 손을 씻고 말했습니다.
"이렇게 초대해 주시니 사양하는 것은 도리가 아니지요."

그는 식탁에 앉아 배고픔을 해소하고 오랜 고통에서 벗어났습니다. 하늘이 그를 도와 굶주림에서 구해 준 것 같았습니다.

백작님, 지금 그 사람이 제안한 일이 백작님께 큰 이익이 될 것이라고 생각하신다면 그 사람의 성의 없는 태도는 신경 쓰지 말고 그 제안을 받아들이십시오. 그가 다시 권하기를 기다릴 필요는 없습니다. 그 사람이 더 적극적으로 제안을 할 때까지 기다렸지만 그가 다시 제안하지 않으면 어떤 일이 벌어지겠습니까?

백작님이 먼저 그 일을 부탁해야 하는 상황이 생길 것이며 백작님의 입장이 오히려 더 난처해질 수 있습니다.

백작은 이 조언이 좋다고 생각하고 그대로 행동해 이익을 얻었다.

돈 후안은 다음과 같은 구절을 썼다.

이익을 구해야 하는 상황이라면
태도와 자존심을 먼저 내세우지 말라.
그리고
제안이 왔을 때 망설이지 말라.

불운 앞에서
한 발 물러서기

 어느 날 루카노르 백작은 그의 조언자인 파트로니오에게 이렇게 말했다.

 나는 지금 난처한 입장에 처해 있네. 한 이웃과 다툼이 생겼는데 그 사람은 매우 강하고 명망 있는 사람이지. 우리는 한 마을에 먼저 도착하는 사람이 그곳을 차지하고 늦게 도착하는 사람이 패배하는 방식으로 승부를 가리기로 합의했네.

 내 병사들은 이미 모였고 내가 그곳에 간다면 신의 가호로 큰 명예와 이익을 얻게 될 것이라 확신하고 있어. 그런데 지금 몸이 좋지 않아 그곳에 가지 못할 것 같다네. 마을을 잃는 것은 큰 손실이겠지만 그 사람이 얻게 될 명예를 내가 놓치게 되는 것이 더 마음에 걸리네. 대결에 져서 잃게 되는 불명예가 나를 괴롭힐 것 같네.

자네의 지혜를 믿고 있으니 어떻게 해야 할지 조언을 구하고 싶네.

파트로니오는 이렇게 말했다.
백작님, 분명히 걱정할 만한 상황이지만 제가 드릴 이야기가 있습니다. 페로 멜렌데스 데 발데스(Pero Melendez de Valdes)라는 사람이 겪은 일을 들어보시지요.

그는 레온 왕국의 명망 높은 귀족이었고 무슨 일이 일어나든 '신께서 하신 일은 모두 최선이다'라는 말을 습관처럼 했습니다. 그는 레온(Leon) 왕의 측근이었는데 그를 질투하던 사람들이 왕에게 모함하여 죽이도록 설득했습니다. 그렇게 간신들의 중상모략으로 왕의 미움을 사게 되어 사형에 처할 위기에 놓였습니다.

그러던 어느 날 페로 멜렌데스에게 왕의 부름이 있었습니다. 왕의 명령을 따라 그를 죽이려는 자들이 그의 집에서 반 레구아(약 2킬로미터) 떨어진 곳에서 기다리고 있었습니다. 하지만 페로 멜렌데스는 왕에게 가기 위해 말을 타려다 계단에서 떨어져 다리가 부러지고 말았습니다. 함께 있던 사람들이 이를 보고 비웃으며 말했습니다.

"페로 멜렌데스, 그대는 항상 신께서 하시는 일이 최선이라고 말하더니 이번에는 신께서 그대에게 이런 일을 주셨구려!"

이에 페로 멜렌데스는 그들에게 말했습니다.
"비록 그대들이 나를 비웃고 있지만 이번 일도 신의 뜻이며 그 뜻이 최선일 것이라 믿소."

그를 죽이려 했던 자들은 그가 오지 못하는 이유가 다리를 다쳤기 때문이라는 소식을 왕에게 보고했습니다. 그 후 오랫동안 페로 멜렌데스는 부상으로 움직일 수 없었습니다.

그가 회복하는 동안 왕은 그에게 씌워진 혐의가 거짓임을 알게 되었고 그를 모함한 자들을 체포했습니다. 왕은 총애하던 신하를 죽일 뻔한 자신의 과오를 깨달아 직접 페로 멜렌데스를 찾아가 중상모략의 전말과 그를 죽이려 했던 것에 대해 사과했고 그의 명예를 회복시켜 주며 많은 재물과 높은 관직으로 보상했습니다. 결국 그를 모함했던 자들은 사형에 처해졌습니다.

이렇게 해서 아무 죄가 없던 페로 멜렌데스는 신의 가호로 살아났고 그의 말처럼 '신께서 하시는 일은 모두 최선'이라는 것이 입증되었습니다. 백작님도 이번에 겪은 좌절을 탓하지 마시고 신의 뜻이 항상 최선임을 믿으십시오. 그러면 모든 일이 잘 풀릴 것입니다.

 백작님, 세상에는 두 가지 종류의 문제가 있습니다. 첫째, 사람이 해결할 수 있는 문제이고 둘째, 사람이 해결할 수 없는 문제입니다. 해결할 수 있는 문제라면 최선을 다해 해결책을 찾아야 하고 신의 뜻을 기다리거나 일이 저절로 풀리기를 바라서는 안 됩니다. 그런 것은 신을 시험하는 행위이기 때문입니다. 사람은 이성과 지혜를 가졌으니 모든 방법을 찾아야 합니다. 하지만 해결할 수 없는 문제가 생겼을 때는 그것이 신의 뜻임을 받아들이고 그 뜻이 최선임을 믿어야 합니다. 그리고 이번 일은 신의 뜻으로 이루어진 일이니 신께서 백작님이 바라는 대로 모든 일을 이루어 주실 것입니다.

 루카노르 백작은 그 충고를 받아들여 많은 이익을 얻었다.

돈 후안은 다음과 같은 시를 썼다.

우연히 닥친 불운 앞에서
물러설 줄도 알아야 한다.
태풍을 막는다고
모든 것을 얻는 것이 아니다.

꾸준함은
배신하지 않는다

 어느 날 루카노르 백작은 그의 조언자인 파트로니오와 이야기를 나누었다.

 파트로니오, 나는 제법 부유하게 지내고 있어. 몇몇 사람들은 나에게 "이만하면 충분히 부자니 걱정 말고 이젠 먹고 마시며 즐기고 좀 쉬어도 된다. 자식들에게 남겨 줄 재산도 충분하지 않은가?"라고 얘기한다네. 자네도 사람들이 말하는 것처럼 이젠 내가 그만 일하고 즐겨야 한다고 생각하는가? 그대의 지혜를 믿으니 내가 어떻게 해야 할지 조언해 주겠나?

파트로니오가 말했다.
백작님, 편안하게 지내는 것은 분명 즐거운 일이지만 진정으로 이익이 되는 삶을 살아가고 싶다면 개미가 자신을 돌보는 방식을 들어보는 것이 좋겠습니다.

개미는 매우 작은 생물에 불과하지요. 그래서 큰 지혜가 있을 것 같지 않지만 놀라운 사실이 있습니다. 매년 밀 수확할 때가 되면 개미들은 집에서 나와 탈곡장으로 가서 먹을 만큼의 밀을 모읍니다. 그리고 자신들의 거처에 저장해 두지요.

첫 비가 내리면 개미들은 그 밀을 밖으로 꺼냅니다. 사람들은 개미가 밀을 말리기 위해 밖으로 꺼낸다고 말하지만 그건 사실이 아닙니다. 실제로 개미들이 밀을 꺼내는 시기는 겨울이 다가올 때입니다. 비가 올 때마다 말리기 위해 곡식을 내놓아야 한다면 개미들의 노고가 엄청날 뿐만 아니라 일한 보람도 별로 없을 것입니다. 겨울엔 해가 뜨는 일이 별로 없고 젖은 곡식을 말리기가 무척 힘들기 때문이죠.

그들은 창고에 모아 둔 밀이 물에 젖으면 싹이 트기 시작한다는 것을 알고 있습니다. 싹이 트면 더 이상 통제할 수 없게 되고 큰 재앙을 초래할 수 있습니다. 그래서 그들은 밀을 꺼내 싹이 나는 부분을 먹어버리고 나머지 부분만 남깁니다. 그렇게 하면 비가 내려도 밀은 싹이 트지 않게 되어 일 년 내내 그 곡식으로 살아갈 수 있지요.

그리고 개미들은 이미 필요한 곡식을 다 모았어도 날씨가 좋을 때마다 가능한 한 많은 곡식을 모아 둡니다. 그들이 모으는 것을 멈추지 않는 이유는 혹시라도 식량이 모자랄 것을 대비해서 입니다. 개미들은 이렇게 하늘이 준 시간을 한순간도 헛되이 흘려버리지 않고 잘 활용하고 있습니다.

개미처럼 작은 생물도 자신을 돌보기 위해 이토록 많은 노력을 합니다. 특히 많은 재산을 관리하고 여러 사람들을 다스리는 사람이 현재 갖고 있는 것만으로 지낸다면 그것은 어리석은 일입니다. 그저 소비하기만 하고 새로운 자원을 채우지 않으면 재산은 오래가지 않을 것입니다. 또한 그렇게 하는 것은 지혜가 부족한 행동으로 보일 수도 있습니다.

만약 백작님께서 먹고 즐기며 쉬기를 원하신다면 재산을 유지하고 명예를 지키면서 필요한 것들을 어떻게 얻을지 신중하게 계획하십시오. 만약 백작님께서 많은 재산을 갖고 있다면 그것이 쓰일 곳이 많습니다. 이 세상을 위해서 명예롭게 사용하는 것이 무엇일지 생각해 보고 보람되게 사용하길 바랍니다.

루카노르 백작은 파트로니오의 조언이 매우 마음에 들었고 그렇게 행동하여 많은 이익을 얻었다.

돈 후안은 다음과 같은 구절을 썼다.

모아 둔 모든 것을 낭비하지 마라.
개미와 같은 성실함과 대비하는 지혜를 배우라.
편하게 쉬어야 인생이 아름다워지는 것이 아니라
쌓은 재물들을 보람 있게 쓸 수 있을 만큼 많이 가졌을 때
죽어서도 명예를 남기게 될 것이다.

선함은 반드시
돌아온다

어느 날 루카노르 백작이 파트로니오에게 말했다.

누구도 죽음을 피할 수 없다는 것은 잘 알고 있어. 그러니 죽음 이후에도 나의 영혼을 위해 특별한 무언가를 남기고 싶네. 그래서 모든 사람이 내가 그것을 했다는 사실을 알게 되었으면 하네.

백작의 말에 파트로니오가 이야기 하나를 들려주었다.
백작님, 선한 행위는 어떤 종류든 훌륭합니다. 하지만 영혼을 위해 무엇을 해야 하는지 어떤 목적을 위한 것인지를 아셔야 합니다. 그래서 까르카손의 집사장에게 일어났던 일을 말씀드리겠습니다.

프랑스 까르카손의 집사장은 위독한 병에 걸렸고 회복될 수 없음을 깨달았습니다. 그는 수도원의 사제를 불러 영혼의 구원을 위한 협의를 했습니다. 집사장은 죽기 전, 사제들에게 많은 보상을 했고 사제들은 그의 영혼이 구원받기를 간절히 기도하며 맡은 일을 수행했습니다.

며칠 뒤, 마을에 신들린 여자가 나타나 놀라운 이야기를 했습니다. 그녀는 무슨 일이 일어났는지 누가 무슨 말을 했는지를 정확히 알 수 있는 능력이 있었습니다. 사제들은 집사장의 영혼에 대해 묻기 위해 그녀를 찾아갔습니다. 그런데 질문도 하기 전에 그녀는 집사장의 영혼이 몸을 떠난 직후 지옥에 떨어졌다고 말했습니다.

사제들은 그녀의 말을 믿지 않았습니다. 집사장은 고해성사와 성사를 모두 받았기 때문이죠. 신들린 여자는 이렇게 답했습니다.
"당신들이 믿는 신앙이 진리라는 것은 맞습니다. 하지만 영혼을 위한 선행을 죽은 뒤에 한다는 것은 바람직하지 않습니다. 그 의도가 순수하지 않기 때문입니다. 그는 세상에 자신의 명성이 남기를 원해 선행을 한 것이지요. 게다가 죽기 전날 밤, 기도하면서 처음 약속한 금액을 줄였습니다. 마음속으로 이만큼이면 충분하다고 생각했기 때문입니다. 그로 인해 그의 선행은 처음 약속보다 훨씬 줄어든 가치밖에 남지 않았습니다. 그래서 영혼은 구원받지 못했습니다."

이 말을 들은 사제들은 사실인지 확인했고 집사장이 실제로 금액을 줄였다는 것을 알게 되었습니다. 그제야 신들린 여자의 말이 옳음을 인정할 수밖에 없었습니다.

백작님, 영혼을 위해 특별한 일을 하고 싶으시다면 그 선행이 반드시 진심에서 나와야 합니다. 그것은 신과 영혼을 향한 진정한 헌신이어야 하며 명예나 세속적 칭찬을 위한 것이 되어서는 안 됩니다. 그렇지 않으면 그 선행은 참된 가치를 인정받지 못할 것입니다.

백작은 이 이야기를 듣고 파트로니오의 충고가 타당하다고 생각하며 따랐고 좋은 결과를 얻었다.

돈 후안은 책에 이렇게 기록했다.

하늘은 선행 자체가 아니라
그 뒤에 숨은 선한 의도에 상을 내린다.
선행을 했더라도 의도가 선하지 않다면
그 영혼은 구원받을 수 없다.

사라지지 않는 호의

어느 날 루카노르 백작이 그의 조언자인 파트로니오와 이야기를 나누며 말했다.

파트로니오, 나는 여러 전쟁에 휘말려 많은 재산을 잃었어. 그런데 내가 위기에 처했을 때 그동안 돌봐 주고 잘 대해 주었던 몇몇 사람들이 오히려 나를 곤경에 빠뜨렸다네. 그런 일을 당하고 나니 더 이상 예전처럼 사람을 신뢰할 수가 없게 되었어. 자네는 현명한 사람이니 앞으로 내가 어떻게 해야 할지 조언해 주게.

파트로니오가 말했다.
만약 백작님께 잘못을 한 사람들이 돈 페로 누네스 푸엔테 알메히르(Don Pero Nunez de Fuente Almexir)나 돈 루이 곤살레스 데 사발로스(Don Ruy Gonzalez de Zavallos), 돈 구티에 로이 데 블라구엘로(Don Gutier Roiz de Blaguiello)

처럼 자신들에게 어떤 일이 일어날지 알았더라면 결코 그런 행동을 하지 않았을 것입니다.

그러자 백작이 무슨 일이 있었는지 물었고 파트로니오가 말했다.
백작님, 돈 로드리고(Don Rodrigo the Generous) 백작은 아주 훌륭한 여성과 결혼했는데 그녀는 돈 힐 가르시아 데 아사그라스(Don Gil Garcia de Azagras)의 딸이었습니다. 하지만 백작은 이런저런 구실을 들어 아내를 괴롭혔습니다. 남편의 학대에 견디다 못한 아내는 신에게 기도했습니다. 만약 자기가 잘못한 것이 있으면 자신에게 벌을 내리고 그렇지 않으면 남편에게 벌을 내려달라는 내용이었습니다.

그녀의 기도가 끝나자마자 남편에게 큰 병이 생겼습니다. 그 후로 이 둘은 서로 헤어졌다고 하죠. 얼마 지나지 않아 나바르의 왕은 그녀에게 사절을 보내 구혼을 했고 그녀는 나바르의 왕비가 되었습니다.

로드리고 백작은 자신이 병에 걸려 치유될 수 없다는 것을 깨닫고 성스러운 죽음을 맞이하기 위해 성지 순례를 떠났습니다. 그는 많은 신하들이 있었지만 앞서 언급한 세 명의 기사만이 그와 동행했습니다.

그들은 고향에서 가져온 모든 재물이 다 떨어질 때까지 오랫동안 그곳에 머물렀습니다. 이제 그들은 너무 가난해져 백작에게 먹을 것조차 줄 수 없었습니다. 생계를 위해 두 명은 광장에서 일하며 돈을 벌었고 한 명은 남아서 백작을 돌봤습니다.

그들은 매일 밤 백작의 몸을 씻기고 나병으로 생긴 상처들을 닦아 주었습니다. 어느 날 밤, 그들이 백작의 팔과 다리를 씻기고 있을 때 입에 침이 고였고 그래서 뱉어 냈습니다. 백작은 그들이 자신의 상처 때문에 역겨워 구역질이 난 줄 알고 자신의 처지에서 비참함을 느꼈습니다.

그는 비탄에 빠져 자신의 신세를 한탄하며 눈물을 흘렸습니다. 그러자 기사들은 백작의 병에 대한 혐오감 때문이 아니라는 걸 알리기 위해 상처에서 나온 고름과 딱지가 섞인 물을 손으로 떠서 마셨습니다.

그들은 백작과 함께 고된 삶을 견디며 그가 죽을 때까지 돌보았습니다. 그들은 주군 없이 돌아가는 것은 잘못된 일이라고 생각했습니다. 주군을 그냥 두고 갈 수 없었습니다. 사람들은 시신을 화장시켜 가지고 가라고 권했지만 그들은 살아 있을 때와 마찬가지로 죽은 시신을 건드리는 것은 불충이라 여겼습니다.

 그들은 시신을 화장하지 않고 묻었으며 몸이 모두 흙으로 변할 때까지 묵묵히 기다렸습니다. 세월이 흘러 땅속에는 뼈만 남았습니다. 그 유골을 함에 넣고 등에 짚어진 채 그들은 음식을 구걸하며 여행을 했으며 자신들이 겪은 일을 증언하며 다녔습니다.

 어느 날 툴루즈 지방에 도착했을 때 간통 혐의로 화형 당할 위기에 처한 귀족 여인을 만났습니다. 만약 어떤 기사가 그녀를 구하러 나선다면 형이 집행되지 않을 수 있었지만 그 누구도 나서지 않았습니다. 이때 돈 페로 누네스는 이 귀족 여인이 기사가 부족하여 화형에 처해진다는 사실을 듣고 그녀가 무고하다는 확신을 얻을 수 있다면 구하겠다고 말했습니다.

 그는 즉시 그녀에게 가서 진실을 물었고 그녀는 마음속으로는 저지르고 싶었지만 실제로는 그렇게 하지 않았다고 말했습니다. 돈 페로 누네스는 그녀가 죄를 저지르지 않았다는 것을 안 후 그녀를 구하겠다고 했습니다. 고소한 사람들은 그가 기사가 아니라며 막으려 했지만 지금까지의 여정을 기록한 것들을 보여 주면서 기사임을 증명하자 막을 수 없었습니다.

전투가 시작되자 돈 페로 누네스는 승리를 거두어 여인을 구했지만 눈 하나를 잃었습니다. 여인과 그녀의 친척들은 도와준 그를 위해 필요한 모든 것을 주었고 그는 주군의 뼈를 이전보다 더 수월한 방식으로 운반할 수 있게 되었습니다.

본국의 왕은 이 명예로운 기사들이 주군의 뼈를 가지고 돌아오고 있다는 소식을 듣고 크게 기뻐했습니다. 왕은 그들이 본국으로 들어오기 전에 말도 타지 않은 채 그들을 맞이하러 나갔습니다.

그들에게 내려진 상은 워낙 대단하여 오늘날까지 그들의 후손들에게 상속되고 있다고 합니다. 왕과 함께한 모든 사람들은 백작의 영지인 오스마까지 동행했고 백작의 유해를 묻어 주었습니다.

안장이 모두 끝나고 기사들은 집으로 돌아갔습니다. 기사 중에 한 명인 돈 루이 곤살레스가 집에 도착한 날, 그는 아내와 함께 식탁에 앉아 있었습니다. 아내는 음식을 보자마자 말했습니다.

"드디어 이 날을 보게 되다니. 제 남편 돈 루이 곤살레스가 떠난 뒤 오늘이 처음으로 먹는 고기이고 처음으로 마시는 포도주입니다!"

이 말을 들은 곤살레스는 안타까워하며 아내에게 왜 그랬는지 물었습니다. 아내는 이유를 설명했습니다. 남편은 '좋은 아내로서 명예를 지켜 달라'는 당부와 함께 '집에 빵과 물이 부족하지는 않을 것이다'라고 말했기에 아내는 그 말을 늘 기억하며 고기와 포도주는 먹지 않고 빵과 물로만 버텨왔던 것입니다.

또 다른 기사 돈 페로 누네스가 집에 돌아왔을 때 아내와 친척들은 크게 웃으며 반겼습니다. 하지만 그는 자신이 잃어버린 눈을 비웃는다고 오해해버리곤 머리를 망토로 감싸고 침대에 몸을 던졌습니다.

그 모습을 본 아내는 가슴이 아팠습니다. 남편에게 왜 슬퍼하냐 묻자 그는 눈을 잃은 것을 조롱한다며 괴롭다고 했습니다. 아내는 이 말을 듣고 크게 상심을 해 곧장 바늘로 자신의 눈을 찔러 스스로 눈이 멀게 했습니다. 남편이 다시는 자신을 비웃는다고 오해하지 않도록 하기 위해서였습니다.

이렇게 세 명의 기사와 그들의 아내는 끝까지 충성스럽고 헌신적으로 살아 결국 행복한 여생을 보냈습니다.

만약 루카노르 백작님을 섬기지 못한 사람들이 이 기사들처럼 자신의 행동이 가져올 좋은 결과를 알았다면 감히 잘못을 저지르지 않았을 것입니다. 하지만 백작님께 해를 끼친 사람들이 있었다 하더라도 백작님은 선행을 멈추지 말아야 합니다. 그들은 사실 백작님보다 자기 자신에게 더 큰 해를 입히고 있기 때문입니다.

백작님을 해치는 사람이 있는 반면, 진심으로 돕는 이들도 많습니다. 그들의 선행은 백작님께 해를 끼친 자들이 남긴 손실보다 훨씬 더 큰 가치를 가집니다. 그러니 늘 좋은 대접을 기대하지 마십시오. 단 한 사람이 진심으로 섬긴다면 다른 이들에게서 대접을 받지 못하더라도 그 한 사람 덕분에 충분히 만족할 수 있기 때문입니다.

백작은 이 말이 옳고 진실한 조언이라고 생각했다.

돈 후안은 이 책에 적고 다음과 같은 구절을 썼다.

비록 몇몇 사람이 당신을 실망시켜도
자비와 선행, 호의를 베푸는 것을 멈추지 말라.

명성을
지킨다는 것은

루카노르 벅작은 그의 조언자 파트로니오와 대화를 나누며 그의 문제를 이야기했다.

파트로니오: 사람은 살아가면서 평판과 명예가 매우 중요하지. 나의 명성을 어떻게 유지하고 키울지 다른 방법이 있는지 말해 주게나.

파트로니오는 백작의 물음에 기뻐하였으며 그의 바람이 잘 이뤄지기 위해 나이 든 철학자에게 일어난 일을 말했다.

모로코 왕국의 한 도시에 유명한 철학자가 살았습니다. 이 현자는 대변을 볼 때 심각한 고통을 겪는 변비가 있었죠. 의사들은 그에게 대변을 참을수록 더 큰 고통과 건강 문제를 일으킬 수 있으니 즉시 해결하라고 조언했습니다. 철학자는 의사들의 말을 따랐고 건강을 유지할 수 있었다고 하죠.

 어느 날 그가 살던 도시의 거리를 걷다가 대변을 참을 수 없는 상황이 닥쳤습니다. 그는 볼일을 보기 위해 좁은 골목으로 들어갔습니다. 그런데 운 나쁘게도 그가 들어간 골목은 공공연하게 몸을 파는 여인들이 살고 있는 곳이었습니다. 하지만 철학자는 이 사실을 전혀 알지 못했습니다.

 그는 변비 때문에 그곳에 오래 머물렀지만 사람들 눈에는 그가 부적절한 일을 한 것처럼 보였습니다. 철학자는 그곳에 있는 사람들이 누구인지도 모른 채 자리를 떠났지만 사람들은 그가 다른 의도 때문에 그곳에 있었다고 오해했습니다.

 항상 나쁜 일은 입에서 입으로 전해지며 와전되기 마련입니다. 훌륭한 명성을 가진 사람이 부적절한 일을 하면 사람들은 더 심하게 험담을 늘어놓곤 합니다. 아무리 작은 일이라도 그 평판은 큰 손상을 입습니다. 결국 존경받던 철학자는 비난을 받았고 그런 곳에 갔다는 사실이 그의 명예에 해를 끼쳤습니다.

 철학자가 집에 돌아와 보니 그의 제자들이 찾아와 슬픔과 걱정의 마음으로 모여 있었습니다. 스승의 명성이 실추되어 스승뿐 아니라 제자들까지 망신을 당한 것입니다. 제자들은 어쩌다가 그토록 잘 지켜왔던 명성을 잃게 되었는지 물었습니다.

 철학자는 그 말을 듣고 어리둥절해졌고 무슨 죄를 지었는지, 언제, 어디서 그랬는지 물었습니다. 그러자 제자들은 그가 매춘부들이 사는 골목으로 들어간 일 때문에 모든 사람들이 그를 험담하고 있다고 말했습니다. 철학자는 이 말을 듣고 깊은 슬픔에 빠졌지만 그들에게 일주일 내에 답을 주겠다고 약속했습니다.

 철학자는 자신의 서재에 틀어박혀 매우 훌륭하고 유익한 책 한 권을 썼습니다. 그 책의 한 대목에는 스승이 제자들에게 행운과 불운에 대해 다음과 같이 설명하고 있었습니다.

"제자들아, 잘 들어라. 세상에서 좋은 일과 나쁜 일이 생기는 데는 여러 가지 경우가 있다. 먼저 행복의 경우를 보자. 너희가 그것을 원하고 노력해서 얻을 수도 있고 전혀 생각지도 못한 우연으로 얻을 수도 있다. 불행도 마찬가지다. 스스로 잘못을 저질러 불운을 당할 수도 있고 아무 잘못이 없어도 우연히 닥칠 수도 있다.

예를 들어 보겠다. 어떤 이는 큰 보물을 찾으려고 애써서 얻기도 하지만 어떤 이는 전혀 뜻하지 않게 길에서 보물을 발견하기도 한다. 또 어떤 이는 악한 일을 해서 불행을 자초하기도 하지만 어떤 이는 길을 가다 엉뚱한 돌에 맞아 다치듯 전혀 잘못이 없는데도 불행을 당하기도 한다.

그러니 너희는 이것을 명심해야 한다. 선한 일을 하면 반드시 좋은 결과가 오고 악한 일을 하면 반드시 나쁜 결과가 온다는 것이다. 그리고 우연히 얻은 행복과 불행도 결국 너희 삶에 영향을 준다는 것을 잊지 말아라.

특히 나쁜 일은 절대 하지 말고 의심받을 만한 일조차 하지 않도록 조심해야 한다. 왜냐하면 작은 오해 하나가 너희 명성을 크게 손상시킬 수 있기 때문이다. 또 아무리 좋아 보이는 일일지라도 그것이 불행이나 불명예를 가져올 수 있다면 멈춰야 한다. 이것이 내가 너희에게 꼭 남기고 싶은 말이다."

나이 든 철학자는 제자들에게 위의 책 내용을 들려 준 다음 이렇게 말했습니다.
"내 경우는 우연히 겪은 불행이라고 할 수 있다. 나는 건강상의 이유로 어쩔 수 없이 그 골목을 지나갔을 뿐이었다. 내가 한 일은 죄도 아니었고 나쁜 평판을 받을 만한 것도 아니었다. 하지만 불행하게도 그런 사람들이 그곳에 살고 있었기 때문에 내가 잘못이 없었음에도 내 명성이 손상되었던 것이다."

만약 백작께서 자신의 명성을 높이고 널리 알리고 보호하고 싶다면 다음 세 가지를 해야 합니다.

첫째, 세상 사람들에게 기쁨이 되는 선한 일을 행하십시오. 사람들을 기쁘게 하면 백작님의 명예를 드높일 수 있으며 현재의 지위를 지킬 수 있습니다. 둘째, 현재의 명성을 지키기 위해 사람들이 의심할 만한 행동이나 말을 삼가십시오. 이렇게 하면 명성을 유지할 수 있을 것입니다. 종종 사람들은 선한 일을 하고도 겉으로 보기에 악하게 보이는 행동 때문에 의심을 받습니다. 이것이 실제로 죄를 지은 것보다 더 큰 해를 끼칠 수 있습니다. 셋째, 자주 좋은 일을 하되 보이기 위해 일부러 행동하지는 마십시오. 오직 백작님의 영혼을 위해 선행을 실천하십시오.

백작은 이 이야기가 좋다고 생각했고 자신의 구원과 명예, 재산을 위해 간절히 기도했다.

돈 후안은 책에 다음과 같은 구절을 썼다.

선한 일을 행하고도 오해받을 만한 행동을 피하라.
명성을 유지하려면 의심받지 않도록 조심하라.

영원한 것은
잃지 말기

루카노르 백작은 그의 조언자 파트로니오와 대화를 나누며 물었다.

파트로니오, 많은 이들이 내게 이렇게 말하네. 내가 명망이 높고 강한 권력이 있으니 원하는 대로 무엇이든 할 수 있다고. 그리고 이런 지위와 품위를 유지하기 위해 많은 돈과 높은 명예를 계속해서 추구하는 것이 마땅하고 합당한 일이라고. 내게 가장 유리한 일이 무엇인지 조언해 주기를 바라네.

파트로니오가 대답했다.
백작님, 이번 조언은 매우 신중을 기해야 할 문제입니다. 두 가지 이유 때문에 저에게 부담이 됩니다. 첫째, 제가 드릴 조언이 백작님의 뜻에 어긋날 수 있기 때문입니다. 둘째, 주인의 의견에 반하면서 주인에게 이로운 조언을 말하는 것은 대단히 어려운 일이기 때문입니다. 이러한 두 가지 이유로 조언하는 것이 조심스럽습니다.

그렇지만 충실한 조언자라면 자신의 이익이나 손해를 따지지 않고 오로지 주인에게 최선의 조언을 해야 합니다. 그러므로 제가 드리는 조언이 백작님께 기쁘게 들리지 않더라도 백작님께 가장 이롭고 유익한 조언을 드리는 것이 제 역할이라고 생각합니다.

그래서 말씀드리면 백작님께 조언을 하는 많은 이들이 부분적으로는 옳은 말을 하고 있지만 가장 좋은 것은 아닙니다. 따라서 제가 백작님께 드릴 수 있는 가장 적절한 조언을 위해 한 남자가 큰 왕국의 지배자가 되었을 때 겪은 일을 알려드리고 싶습니다.

어느 나라에서는 매년 새로운 통치자를 임명하는 관습이 있었습니다. 그 지배자는 1년 동안 모든 명령의 권한을 가졌습니다. 그러나 1년이 지나면 그가 가진 모든 것을 빼앗고 벌거벗긴 채 섬에 버리고 그와 함께할 사람은 아무도 남지 않게 되었습니다.

그중 이전의 지배자들보다 훨씬 현명하고 영리한 사람이 나타났습니다. 그는 자신도 1년이 지나면 다른 지배자들처럼 모든 것을 빼앗기고 섬에 버려질 것을 알고 있었습니다. 그래서 자신의 통치가 끝나기 전에 비밀리에 대비책을 진행시켰습니다. 앞으로 갈 섬에 훌륭한 거처를 짓도록 명령한 것입니다. 그 거처에는 그의 평생에 필요한 모든 물품을 준비해 두었습니다. 또한 그 거처가 아무도 찾지 못할 만큼 은밀한 장소에 지어지도록 했습니다.

그는 그 섬에 몇몇 친구들을 남겨 두었고 혹시 준비되지 않은 다른 것이 필요하게 되면 그들에게 더신 보낼 수 있도록 미리 물자를 마련해 두었습니다. 아무것도 부족하지 않도록 철저히 대비한 것입니다.

1년이 지나고 그 나라 사람들은 그의 왕국을 빼앗고 그를 벌거벗겨 섬에 버렸습니다. 이전의 통치자들에게 했던 것과 마찬가지였습니다. 그러나 그는 현명하게도 자신이 살 수 있는 은밀한 거처를 준비해 두었기에 그곳으로 가서 호화롭고 편안하게 살아갈 수 있었습니다.

백작님, 만약 조언을 구하신다면 이 세상에서 살아가는 동안 반드시 이 세상을 떠나야 할 때가 온다는 사실을 명심하셔야 합니다. 아무것도 지니지 못한 채 이 세상을 떠나야 하며 오직 이곳에서 행한 선한 것들만이 함께할 것입니다. 그러니 이 세상을 떠날 때를 대비해 저세상에 훌륭한 거처를 마련해 두어야 합니다. 이 세상에서 아무것도 지니지 못한 채 떠나도 저세상에서는 당신의 영원한 삶을 위한 좋은 집을 발견할 수 있도록 말입니다.

영혼은 영적인 존재로서 썩거나 사라지지 않기 때문에 영원히 지속됩니다. 또한 사람이 이 세상에서 행한 선행과 악행은 모두 하늘에 기록되어 상이나 벌을 받게 될 것입니다.

그러므로 이 세상에서 선행을 쌓아야 합니다. 이 세상을 떠나야 할 때 영원히 머물 저 세상에 훌륭한 거처를 마련할 수 있도록 하십시오. 이 세상의 재물과 명예는 헛되고 덧없으니 그것들을 얻으려다 영원히 사라지지 않을 중요한 것을 잃지 마십시오. 또한 자랑이나 허영심 없이 선행을 행해야 합니다. 그 선행이 알려지지 않더라도 선행을 계속하시면 백작님께서는 훌륭한 명예와 지위를 오래도록 지키실 수 있을 것입니다.

그리고 이 세상에서 다하지 못한 일들을 생애를 마친 뒤에도 이어갈 수 있도록 신뢰할 만한 친구들을 남기십시오. 이 모든 선행을 쌓은 후에는 명예와 재산을 늘리기 위해 할 수 있는 일을 하는 것이 좋습니다.

백작은 이 이야기가 모두 맞다고 생각하며 그대로 행할 수 있도록 인도해 주시길 신께 간절히 기도했다.

돈 후안은 자신의 책에 다음과 같은 구절을 남겼다.

곧 사라질 이 세상을 위해
영원한 것을 잃지 말라.
영원히 이어질 영혼의 날을
순간의 즐거움과 맞바꾸지 마라.

나태함이 삶을 지배할 때

어느 날 루카노르 백작은 조언자인 파트로니오에게 이렇게 말했다.

파트로니오, 자네도 알다시피 나는 이제 젊지 않네. 지금까지 많은 고난을 겪어왔고 이제는 쉬면서 사냥도 다니고 노동과 고단함에서 벗어나고 싶네. 자네가 항상 나에게 좋은 조언을 해 주었으니 이번에도 내가 어떻게 하는 것이 가장 좋을지 말해 주게.

파트로니오가 말했다.
백작님의 말씀이 충분히 맞습니다. 하지만 예전에 페르난 곤살레스(Fernan Gonzalez) 백작이 누뇨 라이네스(Nuno Laynes)에게 했던 말을 들어보시길 바랍니다.

페르난 곤살레스 백작이 부르고스에 있었을 때 그는 자신의 땅을 지키기 위해 많은 고난을 겪고 있었습니다. 어느 날 백작이 잠시 평화를 누리고 있을 때 누뇨 라이네스가 백작에게 말했습니다.

"이제는 위험한 일에 너무 많이 나서지 마시고 백작님도 쉬시고 부하들도 쉬게 하시는 것이 좋을 것 같습니다."

그러자 백작은 이렇게 답했습니다.
"나도 쉴 수만 있다면 누구보다도 쉬고 싶겠지만 지금은 무어인들, 레온인들, 나바르인들 사이에 큰 전쟁이 일어나고 있네. 우리가 느긋하게 있다가는 적들이 우리를 노릴 것이야. 만약 우리가 좋은 매를 가지고 아를란손 위쪽에서 사냥을 하거나 좋은 살찐 노새를 타고 사냥을 다닌다면 그렇게 할 수는 있겠지.

하지만 우리가 우리의 땅을 지키지 않는다면 결국 속담처럼 '죽음이 찾아왔을 때 그 사람은 죽고 그의 명성도 함께 사라졌네'라는 말이 현실이 될 것이네. 그러나 우리가 휴식을 잊고 우리 자신을 방어하며 명예를 쌓는다면 사람들이 우리에 대해 '그 사람은 죽었지만 그의 명성은 살아 있네'라고 말할 것이야.

결국 우리가 아무리 게으르고 나태해도 죽음은 피할 수 없네. 하지만 나로서는 우리가 나태함이나 안일함 때문에 우리가 죽고 나서도 명예로운 행적이 남지 않게 되는 것이 좋게 보이지 않네."

그리고 파트로니오는 이렇게 덧붙였다.

백작님께서도 죽음을 피할 수 없다는 것을 알고 계시니 제 조언을 따라 나태함에 빠지지 말고 죽음 이후에도 백작님의 명성이 남을 수 있는 행적을 만들어 가시길 바랍니다.

백작은 파트로니오의 조언을 듣고 매우 만족했고 그에 따라 행동하여 많은 이득을 얻었다.

돈 후안은 다음과 같은 시를 썼다.

나태함은 우리의 명성을 앗아가니
삶이 짧게 느껴진다면
그 책임은 자신에게 있다.

벌보다
남는 것은 가르침

　어느 날 루카노르 백작은 그의 조언자인 파트로니오와 이야기를 나누었다.

　파트로니오, 내가 매우 아끼던 친척이 있었는데 작은 아들을 남기고 세상을 떠났네. 그 아이를 내가 키우고 있지. 아이의 아버지에게 빚진 것이 있었고 아이에 대한 애정도 있었네. 아이가 자라서 나에게 보답할 것도 기대했지. 그래서 자네도 알다시피 그 아이를 잘 돌봐왔어. 그 아이를 마치 내 아들처럼 사랑하고 있지. 아이가 앞으로 훌륭한 사람이 될 것이라 기대하고 있네.

　그런데 걱정되는 부분이 있어. 외모나 지능이 출중하긴 하지만 잘못된 길로 빠질까 염려가 되네. 아직 나이가 어려서인지 때때로 친구들과 어울리며 미혹에 빠지고 삿된 길을 가는 것 같다네. 자네의 지혜를 믿기에 아이의 장래를 위하여 내가 어떻게 해야 할지 조언을 부탁하네.

백작의 이야기를 들은 파트로니오는 도움이 될 만한 이야기를 들려주었다.
한 철학자와 그의 보호를 받던 어린 왕에게 일어난 일을 들어보시면 아이를 올바르게 키우는 데 도움이 되실 것입니다.

어떤 왕에게 어린 아들 하나가 있었는데 교육을 위해 한 철학자에게 맡겨 키우게 했습니다. 왕이 죽었을 때 그 아들은 아직 어린아이였지만 왕이 되었고 철학자는 그를 15세가 넘을 때까지 돌보았습니다. 청소년이 되었을 때 그는 스승의 충고를 무시하고 다른 선생의 말을 듣기 시작했습니다. 그에게 별 책임감을 느끼지 않은 사람들의 충고를 들으며 행동한 것입니다.

그는 나라를 온전히 돌보지 못했고 건강과 재산을 돌보는 일들이 엉망이 되었습니다. 사람들은 그 젊은 왕의 어리석음으로 인해 백성의 삶이 나빠지고 왕의 건강과 재산을 잃고 있는 것을 안타까워했습니다. 사태는 더욱 심각해져서 철학자는 크게 걱정했으나 어떻게 해야 할지 몰랐습니다. 철학자는 어린 왕을 자주 꾸짖고 충고

하며 억제시켰지만 소용이 없었습니다. 청소년기의 방황 속에서 그가 잘못된 길로 빠졌던 것입니다.

철학자는 그를 바로잡기 위한 방법을 찾다가 한 가지 묘책을 생각해 냈습니다. 철학자는 왕궁에서 자신이 세상에서 가장 위대한 예언자이자 점성술사라는 소문을 조금씩 퍼뜨렸습니다. 그 소문이 널리 퍼지자 어린 왕도 듣게 되었습니다. 어린 왕은 철학자에게 그가 정말 예언을 할 수 있는지 물었고 철학자는 처음에는 부인했지만 결국 예언을 할 수 있다고 인정했습니다. 하지만 아무에게도 말하지 말라고 주의를 주었습니다.

호기심이 많은 아이들처럼 왕도 예언을 보고 싶어 했습니다. 철학자가 계속 미루자 왕은 점점 더 보고 싶어 했습니다. 어느 날 결국 철학자가 아침 일찍 왕을 데리고 나가기로 했습니다. 그들은 한 외딴 마을들이 있는 계곡으로 갔습니다. 그들이 몇몇 마을을 지나자 나무에서 까마귀가 울고 있었습니다. 다른 나무에서도 까마귀가 울었습니다. 왕은 철학자에게 이 까마귀들이 서로 무슨 말을 하고 있는지 아는지 물었습니다.

왕을 향해 고개를 끄덕인 철학자는 까마귀들의 울음소리를 가만히 듣기 시작했습니다. 그리고 갑자기 눈물을 흘리며 옷을 쥐어뜯고는 깊은 슬픔에 빠진 표정을 지었습니다. 왕이 놀라서 철학자에게 그 이유를 물었습니다. 철학자는 처음에는 말하기를 꺼렸으나 결국 이렇게 말했습니다.

"두 까마귀는 서로의 자식들을 결혼시키려고 했습니다. 한쪽 까마귀가 결혼이 결정된 지 꽤 시간이 흘렀으니 이제 서둘러 진행하자고 했습니다. 그러자 다른 까마귀가 결혼이 계획되기는 했으나 지금은 우리 집이 그 당시보다 더 부유해져서 결혼은 조금 더 생각해 봐야겠다고 했습니다.

감사하게도 현재 어린 왕의 치세가 시작된 이래로 황폐해진 곳이 많아져서 모든 마을에 뱀, 도마뱀, 두꺼비와 같은 생명체들이 많이 늘어 먹을 것도 풍족해졌기 때문에 이제 양측의 조건이 같지 않다는 것이었습니다. 그러자 첫 번째 까마귀는 결혼을 미루자는 말이 어리석다고 웃으며 말했습니다. 왕이 계속 살아있다면 곧 자신이 사는 계곡까지 황폐해질 것이고 그러면 먹을 것이 그곳보다 더 많아져서 자기네가 더 부유해질 것이라고요. 그러니 결혼을 미룰 이유가 없다는 것이었습니다. 결국 그들은 결혼을 허락했습니다."

왕은 이 이야기를 듣고 깊은 슬픔에 빠졌고 자신의 잘못으로 인해 나라가 황폐해졌음을 깨달았습니다. 철학자는 왕이 깊이 반성하고 나라를 돌보겠다는 의지를 보이자 그에게 훌륭한 조언을 주어 왕이 곧 자신의 문제뿐만 아니라 왕국의 문제까지 모두 해결하도록 도왔습니다.

백작님도 소년을 바로잡고 싶다면 그가 자신의 상황을 이해할 수 있도록 예시나 적절한 말로 가르쳐야 합니다. 좋은 약은 입에 쓰지만 그 효능은 높다는 것을 참고하시어 어떻게 해야 할지 생각해 보십시오. 하지만 절대 벌을 주거나 대우를 나쁘게 해서 그를 바로잡으려 하지 마십시오. 대부분의 소년들은 자신을 벌주는 사람을 미워하기 때문입니다.

특히 중요한 사람에게 벌을 받으면 그것에 모멸감을 느끼고 부정적으로 받아들이며 자신의 잘못을 깨닫지 못합니다. 또한 관계가 나빠지면 앞으로 백작님과 소년 모두에게 이롭지 않을 것입니다.

파트로니오의 조언을 들은 백작은 그것이 옳다고 생각하여 행동했고 많은 이익을 얻었다.

돈 후안은 다음과 같은 구절을 남겼다.

듣기 싫은 소리로 책망하지 말고
그가 올바른 길로 갈 수 있도록
좋은 행동과 말로 가르치라.

당연하지 않은
희생

어느 날 루카노르 백작은 그의 조언자 파트로니오와 대화를 나누며 이렇게 말했다.

파트로니오, 신께서 여러모로 나에게 은혜를 베풀어 주셨지만 지금은 돈이 부족한 상황이네. 어쩔 수 없이 내 재산 중 하나를 팔아야 할 것 같네. 이 결정을 내리는 것이 너무나 마음 아프지만 다른 선택을 해도 마찬가지로 힘들 것이야. 지금 나에게 닥친 어려움을 해결하려면 결국 그렇게 해야 할 것 같네. 내가 이렇게 힘든 결정을 내리려는 와중에도 많은 사람들이 와서 내게 큰돈을 달라고 부탁하고 있지. 당신의 지혜로 내가 어떻게 해야 할지 조언해 주게나.

파트로니오는 대답했다.
지금 백작님께 일어나고 있는 일이 마치 아주 아픈 남자에게 일어난 일과 비슷하다고 생각합니다.

 한 남자가 너무 심하게 병이 들어서 의원에 갔습니다. 그러자 의사는 그의 간을 꺼내어 특정 약재로 씻지 않으면 치료할 방법이 없다고 했습니다. 그 남자는 고통을 겪고 있었고 의사는 간을 손에 들고 치료를 하고 있었습니다. 그때 갑자기 옆에 있던 사람이 아픈 남자에게 그 간을 자신의 고양이에게 줄 수 있는지 물어봤습니다. 과연 아픈 남자는 자기 간을 그 사람에게 주었을까요?

 만약 백작님께서 이렇게 자신을 희생하면서까지 돈을 줘야 한다고 생각하신다면 그렇게 하셔도 좋습니다. 하지만 백작님께서 그동안 어려움을 겪어가며 모은 피와 같은 돈을 별로 필요하지도 않은 사람들에게 주는 것만은 피하시길 바랍니다. 그것은 아픈 남자가 자기 간을 다른 이에게 주는 것과 마찬가지로 어리석은 행동이기 때문입니다. 절대 그렇게 하지 않으시는 게 좋겠다고 조언하고 싶습니다.

 루카노르 백작은 파트로니오의 말에 크게 만족했고 그 충고를 따르자 이익을 얻었다.

돈 후안은 다음과 같은 구절을 남겼다.

남에게 주어서는 안 될 것을

쉽게 줘버린다면

결국 당신에게 큰 피해로 돌아올 것이다.

25살, 사회 첫 빼앗이들의 생존동화 EL CONDE LUCANOR

개정판 1쇄 인쇄	2025년 09월 10일
개정판 1쇄 발행	2025년 09월 17일

발행	스노우폭스북스
발행인	서진
지은이	돈 후안 마누엘(Don Juan Manuel)
편저	여왕벌(서진)
번역	안진환
진행	윈터(설윤경) 진저(박정아)
교정·교열	카이(정태하)
전략 지원	DK(김정현)
AI 홍보전략	테드(이한음)
퍼포먼스 바이럴	썸머(윤서하)
표지·본문·홍보디자인	샤인(김완선)
텍스트 아티클	티미(문지우) 알파(김민석)
검색	형연(김형연)
제작	해니(박범준)
종이	월드페이퍼
인쇄	남양문화사
주소	경기도 파주시 회동길 527, 스노우폭스북스 사옥 3층
대표번호	031-927-9965
팩스	070-7589-0721
전자우편	edit@sfbooks.co.kr
출판신고	2015년 8월 7일 제406-2015-000159

ISBN 979-11-94966-12-8 03190

- 스노우폭스북스는 여러분의 소중한 원고를 언제나 성실히 검토합니다.
- 이 책에 실린 모든 내용은 저작권법에 따라 보호를 받는 저작물이므로 무단 전재와 무단 복제를 금합니다.
- 이 책 내용의 전부 또는 일부를 사용하려면 반드시 출판사의 동의를 받아야 합니다.
- 잘못된 책은 구입처에서 교환해 드립니다.

스노우폭스북스는 "이 책을 읽게 될 단 한 명의 독자만을 바라보고 책을 만듭니다."